AF247218

Ln
27.
28416.

LETTRE

JUSTIFICATIVE

DE M. L'ABBÉ

DUBIN DE GRANDMAISON,

A MGR PH. FR. DE SAUZIN,

ÉVÊQUE DE BLOIS.

LETTRE

JUSTIFICATIVE

DE M. L'ABBÉ

DUBIN DE GRANDMAISON,

ANCIEN AUMÔNIER DE L'ARMÉE CATHOLIQUE ROYALE
DE LA VENDÉE,
CHANOINE HONORAIRE DIGNITAIRE DU CHAPITRE D'ORLÉANS,
MEMBRE DE LA LÉGION-D'HONNEUR,

A MGR PH. FR. DE SAUZIN,
ÉVÊQUE DE BLOIS.

Soumis avec respect à sa volonté sainte,
Je crains Dieu...... et n'ai pas d'autre crainte.
RACINE, *Athalie.*

PARIS.

LE NORMANT FILS, IMPRIMEUR DU ROI,

RUE DE SEINE, N° 8, PRÈS LE PONT DES ARTS.
MDCCCXXIII.

LETTRE

JUSTIFICATIVE

DE M. L'ABBÉ

DUBIN DE GRANDMAISON,

A MGR PH. FR. DE SAUZIN,

ÉVÊQUE DE BLOIS.

MONSEIGNEUR,

Par quelle inconcevable destinée suis-je donc réduit à me justifier? comment me vois-je forcé de répondre aux imputations que vous m'avez faites?

Il le faut bien pourtant, Monseigneur; la publicité de ma disgrâce, la nature des reproches que vous m'avez adressés pour la motiver, ne me permettent plus de garder désormais le silence.

J'ai long-temps hésité à prendre la plume et à vous répondre. Long-temps je me suis demandé si je ne devois pas oublier les outrages que j'ai reçus, endurer avec résignation les calomnies, les persécutions auxquelles je suis en butte, et faire à mon Dieu, à l'intérêt de sa religion et à la paix publique, le sacrifice du plus juste ressentiment, de la plainte la plus sacrée.

Ah! sans doute, Monseigneur, je l'eusse fait ce pénible sacrifice, si vous n'eussiez méconnu mes titres et repoussé mes droits, que pour me refuser une dignité que je n'eusse pas déjà possédée et pour me frustrer des avantages pécuniaires qui y sont attachés; alors je ne me fusse pas plaint d'être exclu, et, comme ce vertueux citoyen de l'antiquité, je me fusse réjoui, dans l'intérêt de l'Eglise et de la religion, que vous eussiez trouvé des hommes plus dignes que moi.

Mais, Monseigneur, voyez tout le mal que vous m'avez fait. J'étois depuis vingt ans chanoine honoraire du chapitre d'Orléans dont ressortissoit le diocèse actuel; j'étois dignitaire de ce chapitre, je siégeois dans l'église de Blois, en cette qualité; j'en portois les insignes. Vous m'avez exclu de ces honorables fonctions, vous m'avez dégradé (1). Encore, si en me privant

____

(1) J'avois été créé chanoine honoraire d'Orléans dès le rétablissement de ce siége; j'avois été confirmé dans cette dignité par tous les evêques qui l'avoient occupé; il semble que n'ayant point démérité, étant toujours resté digne de ces choix successifs, je devois, dès que Monseigneur composoit le nouveau chapitre de Blois, devenir titulaire. C'étoit l'opinion générale; et MM. les grands-

de ma dignité, vous eussiez respecté ma personne, je me fusse contenté de gémir en silence.
Mais à l'injustice, Monseigneur, on a joint
l'outrage; les reproches amers que mes ennemis
vous ont dictés contre moi n'ont pu rester se-
crets; ils ont transpiré dans le public, et la
malignité des calomniateurs s'est étudiée à les
grossir et à les envenimer. La lettre que vous
m'avez écrite le 13 septembre dernier, cette lettre
qui m'a coûté depuis tant de pleurs de douleur
et d'indignation, auroit suffi pour me désho-
norer à mes propres yeux, si je n'eusse cherché
à vous détromper, si je n'eusse invoqué contre

---

vicaires d'Orléans me l'ont bien exprimé dans leur lettre
du 13 septembre, dont j'ai donné un extrait dans le cours
de cet écrit. L'exclusion que j'ai éprouvée en a produit une
autre qui me touche bien plus que la perte des appoin-
temens d'un canonicat. En ma qualité de chanoine d'Orléans, j'avois eu jusqu'ici le droit de me placer dans
l'église de Blois avec les marques de cette dignité; aujourd'hui que le chapitre du diocèse de Blois est formé,
et qu'il est décidé que je n'en ferai pas partie, je ne puis
plus conserver la même place et les mêmes insignes,
et je suis obligé de me réfugier dans les rangs des fonctionnaires publics, où ma décoration me donne entrée.
Si je suis encore repoussé de cette enceinte, comme je
l'ai dit à Monseigneur, j'irai me placer parmi le peuple,
derrière un pilier de son église, et, comme le modeste
publicain de l'Evangile, je prierai Dieu pour mes persécuteurs et pour lui.

les perfides insinuations de mes persécuteurs
l'opinion et le cri unanime des vrais amis de la
religion et de la monarchie qui me doivent bien
connoître. Vous eussiez vous-même cru à jamais
la calomnie, si j'eusse gardé un lâche silence.

Enfin, Monseigneur, vous m'avez accusé, je
dois me défendre. Prêtre, je suis encore citoyen,
membre de la grande société; j'en remplis avec
joie les obligations, et j'en réclame exactement
les droits. Je dois venger mon honneur outragé.
Je suis comptable de ce depôt sacré à la société,
à la religion. Que penseroient de moi les fidèles,
si je laissois subsister les soupçons que vos imputations ont fait planer sur ma tête? Quel deuil
pour la religion, quelle honte pour le saint ministère, s'ils me regardoient comme un prêtre
indigne!.... Ah! Monseigneur, plus votre autorité donne de force à ces imputations, plus le
sacerdoce a besoin de la vénération publique,
et plus vous devez approuver mes réclamations
et faire des vœux pour que le prêtre, le fidèle,
tous mes concitoyens demeurent convaincus de
la justice de mes droits, et applaudissent au
triomphe de l'innocence et au désespoir de la
calomnie vaincue.

Comment douterois-je que tels sont vos vœux
les plus ardens? Ce sont ceux d'une âme juste
et droite comme la vôtre. D'ailleurs, ce n'est

pas vous, Monseigneur, que j'accuse d'être l'auteur de la persécution que je souffre. Je sais que vous avez été abusé, prévenu; que c'est involontairement que vous vous êtes rendu l'instrument de la passion et de la haine. Ma justification dessillera vos yeux, détruira vos préventions, et peut-être que, reconnoissant votre erreur, vous me rendrez vos bonnes grâces, et consentirez à me recevoir dans vos bras; peut-être même que, plein d'indignation contre mes calomniateurs, vous leur ôterez désormais une confiance dont ils ont trop abusé.

Il vous en coûtera, je le sais, Monseigneur, de renoncer à l'illusion où vous avez été jusqu'ici sur leur compte; quand on a cru à la vertu, on ne perd pas facilement une si douce croyance. D'un autre côté, ces dissensions dans la maison du Seigneur, ces querelles entre ses ministres, qui scandalisent les foibles et deviennent un sujet de joie pour l'impiété, vous affligeront encore plus par la publicité qu'elles vont recevoir. Mais ce n'est pas une raison, Monseigneur, pour que l'innocent succombe sous les traits de la calomnie. La justice est la première des convenances religieuses et des nécessités sociales. Quand Athanase fut dénoncé à l'Eglise, comme coupable des plus grands crimes, il ne fut pas arrêté par la considération que ses accusateurs étoient comme lui ministres du Seigneur, quelques uns même revêtus des plus éminentes dignités ecclésiastiques. Ce vertueux prélat n'en confondit pas moins ses ennemis; faisant parler avec force contre eux la vérité, l'innocence outragée, il les fit flétrir à son tour de l'odieux nom de calomniateurs, et l'empereur indigné rétablit saint Athanase sur le siége d'Alexandrie, et chassa ses indignes persécuteurs des siéges qu'ils occupoient.

Je ne demande, Monseigneur, ni l'une ni l'autre de ces réparations; j'abandonne même entièrement les prétentions que j'avois pu avoir sur les places dont Votre Grandeur vient de disposer. Je ne veux plus que me justifier, que recouvrer mon honneur; tous les autres biens ne sont plus rien à mes yeux auprès de celui-là.

C'est votre fatale lettre du 13 septembre qui a troublé mon repos, et qui m'a fait voir pleinement quel a été le succès de la trame ourdie contre moi. Cette lettre, Monseigneur, je la rendrai publique (1); je n'en retrancherai aucune des cruelles phrases qu'il vous a plu d'y insérer; je veux qu'elle serve de juge entre vous, ou, pour mieux dire, ceux qui vous l'ont

---

(1) *Voyez* cette lettre vraiment extraordinaire à la suite de cet écrit, pag. 51 des Pièces justificatives.

suggérée, et moi ; je veux qu'elle soit un monu-
ment de ma honte, si je n'en réfute les inculpa-
tions, ou de celle de mes envieux, si j'y réponds
victorieusement.

Mais cependant, Monseigneur, si c'est à mes
ennemis que je dois imputer la perte de votre
estime et de vos faveurs ; si je suis plutôt réduit
à déplorer votre foiblesse qu'à me récrier contre
votre intention, je puis au moins vous adresser
un reproche personnel, le seul que je vous
adresserai, Monseigneur. On a pu vous suggé-
rer le fonds et l'esprit de cette lettre, mais la
forme vous appartient. Quels termes durs et
offensans ! quels tours froidement ironiques et
injurieux ! Est-ce bien vous qui l'avez écrite ?
Est-ce à moi que vous avez écrit ainsi ? Est-ce
la charité, est-ce l'indulgence évangélique qui
vous ont inspiré un tel style et de telles expres-
sions ? N'étois-je pas prêtre, ministre de Jésus-
Christ, comme vous, oint de la même huile
sainte ; et, comme tel, ne méritois-je pas des
ménagemens ? Avez-vous donc cru pouvoir traiter un chanoine honoraire de l'église d'Orléans,
un dignitaire de cette église, un homme qui a
blanchi dans l'exercice du sacerdoce, comme vous
auriez à peine traité un jeune séminariste qui
auroit affligé l'Eglise par un grand scandale ? Ah !
Monseigneur, il faut que mes ennemis m'aient

étrangement calomnié dans votre esprit, pour que vous ayez pu vous résoudre à dépouiller à mon égard ces formes douces, ce langage tendre et indulgent que vous avez pour tout le monde, et à tremper pour moi votre plume dans le fiel, afin d'en percer un cœur sensible et généreux. Les méchans! ils répondront un jour devant Dieu du mal qu'ils m'ont fait.

En reprenant votre lettre, je vois que tout en reconnoissant que je pouvois avoir certains titres à votre bienveillance, pour l'obtention d'un canonicat, vous m'objectez que les titres essentiels me manquent; vous m'imputez d'avoir négligé les devoirs de mon état, de n'avoir jamais pratiqué les vertus qu'il exige.

En m'alléguant ces motifs de votre refus, vous ne m'avez pas déclaré les véritables. Je les expliquerai moi-même dans la suite; je vais dès à présent vous démontrer la fausseté de ceux que vous avez prétextés; je n'ai besoin pour cela que de vous rappeler en peu de mots ce que je suis, ce que j'ai fait.

J'étois curé dans la Vendée, quand la révolution éclata. Je ne pus me résoudre à prêter le serment exigé par la constitution de 91, que repoussoient ma conscience et mes principes. Ce refus me fit persécuter et proscrire. Dès que la Vendée prit les armes pour venger le trône écroulé, l'autel profané, je me joignis à ses nobles efforts. Un des premiers je me réunis au brave Larochejaquelein, ce héros, ce général consommé de vingt ans. Je l'entendis faire cette courte et sublime harangue : « Si j'avance, sui- » vez-moi ; si je recule, tuez-moi ; si je meurs, » vengez-moi. » Et je vis la victoire récompenser son courage. Je fus alors nommé un des aumôniers de l'armée catholique et royale, et depuis j'ai constamment partagé sa gloire, ses trophées et ses malheurs.

Faut-il redire ici le bien que j'ai pu faire, les services que j'ai pu rendre ? M'est-il permis de rappeler les actes de bienfaisance et de générosité que la charité chrétienne et l'humanité m'inspirèrent pendant le cours de cette déplorable guerre ? Sans doute, la calomnie, en m'accusant, m'a donné ce droit, et d'ailleurs ces vertus étoient trop nécessaires au milieu des discordes civiles, elles étoient trop communes aux prêtres vendéens, pour que j'en tire avantage. Quoi qu'il en soit, après le combat, je confondis toujours dans les mêmes sentimens de pitié et de bienveillance, amis et ennemis, Vendéens et républicains. A la suite d'une victoire, des prisonniers républicains sont conduits dans la prison de Châtillon sur Sèvre ; je ne vois plus en eux que des Français, des frères ; aidé d'un seul de mes domestiques, je leur prépare des alimens, je les nourris, je soulage leur misère, et je m'entends bénir de ces ennemis attendris et reconnoissans. Après le combat de Pontorson, je sauvai la vie à deux soldats républicains que je trouvai cachés sous mon lit ; je les couvris de mon manteau, et je les fis évader au péril de mes jours.

En témoignant cette générosité à nos implacables ennemis, je ne faisois que suivre les nobles maximes des héros de la Vendée. C'est pendant cette guerre que Bonchamp blessé à mort, et apprenant que ses soldats irrités alloient massacrer leurs prisonniers, s'écrioit d'une voix mourante : « Soldats chrétiens, grâce, grâce aux » prisonniers, je le veux, je l'ordonne. » Et les Vendéens, dociles à sa voix, les mettoient en liberté en répétant : *Bonchamp le veut, Bonchamp l'ordonne.* J'applaudissois à de si généreux exemples, et je tâchois de les imiter.

Après la déroute du Mans, j'ai arraché des mains des cruels patriotes de Nort, qui alloient les massacrer, les quatre dames de la Métairie, parentes du général Charette, leur domestique, et deux sœurs hospitalières de Saint-Laurent sur Sèvre.

Pendant la longue et sanglante bataille de Dol, je ramenai au combat, par mes reproches et mon exemple, trois mille **Vendéens** qui fuyoient en désordre, frappés d'une terreur panique, et qui auroient été infailliblement égorgés par les habitans révolutionnaires des campagnes. Ils me durent la vie et la victoire.

Après l'affaire décisive de Savenay qui ruina les espérances du parti vendéen, je ne pus me résoudre à quitter ce pays devenu un affreux théâtre d'horreurs et d'oppression. J'employai le temps de ma retraite à entretenir dans le cœur des braves Bretons le feu sacré de la religion et de la légitimité; et secrètement, au milieu des plus grands dangers, je procurai aux habitans de sept paroisses qui manquoient de pasteurs, tous les secours de mon ministère. Après la pacification, je cédai aux instances des autorités et des fidèles de ces contrées, et je desservis publiquement ces mêmes sept paroisses, où j'ai instruit et catéchisé plus de huit cents enfans de l'un et de l'autre sexe, à qui j'ai fait faire la première communion. Je n'y fus pas long-temps tranquille. Arraché violemment à mon église (1), chargé de chaînes dont je porte encore les marques, je fus conduit par des soldats dans les prisons de Blain et de Nantes. Ayant recouvré la liberté, les Vendéens m'envoyèrent deux députés

______

(1) Je fus arrêté au milieu des enfans que j'instruisois.

pour me prier de reprendre mes travaux évangéliques; je retournai au milieu d'eux, et j'eus le bonheur par mon zèle, mon activité et mon industrie, de préserver de la famine le troisième bataillon de Lot et Garonne, qui, cerné par les eaux à Châtillon sur Sèvre, et ne pouvant communiquer avec le munitionnaire résidant à Bressuire, menaçoit de piller la ville; et, par ce moyen, j'empêchai peut-être le renouvellement de la guerre civile, et une nouvelle effusion du sang français.

Je suis resté dans ces malheureuses et héroïques contrées jusqu'au moment où mon vieux père, ancien chevalier de Saint-Louis, dont les infirmités causées par son grand âge, ses blessures et les fatigues de plus de trente ans de service, réclamoient ma présence et mes soins, me rappela près de lui. Je revins alors à Blois, au sein de ma famille, de mes amis, de mes concitoyens.

Tous les faits que je viens de retracer, Monseigneur, sont consacrés par les plus honorables attestations, que j'ai recueillies quand j'ai demandé au Roi la récompense de mes sacrifices et de mon dévouement. Je n'en citerai que trois dans cette lettre, celle d'une femme que ses malheurs, son héroïsme et ses Mémoires ont rendue si célèbre et si intéressante, de la veuve de Larochejaquelein, qui s'est exprimée ainsi sur moi : « Personne n'a plus travaillé et souffert » pour le Roi, que M. l'abbé de Grandmai- » son ; il mérite bien que Sa Majesté lui rende » justice » ; celle de l'abbé Jagault, membre du conseil supérieur du Roi, dans les provinces de l'Ouest, en 1793, qui certifie ainsi : « L'abbé » de Grandmaison a été constamment , soit » avant, soit après le passage de la Loire, en » qualité d'aumônier, attaché à l'armée royale, » et il a donné mille preuves de dévouement et » de charité envers les blessés » ; et celle du curé de Blain ainsi conçue : « Pendant mon » séjour dans la Vendée, en 1793, où j'étois » secrétaire en second du conseil supérieur de » Châtillon, j'ai beaucoup connu M. l'abbé de » Grandmaison pour un très-bon prêtre et un » excellent royaliste ; nous passâmes ensemble » la Loire, à la suite de l'armée vendéenne, » dont il étoit un des aumôniers ; il fut même » blessé sur le champ de bataille, en donnant aux » mourans les consolations de la religion, etc. » Quant aux autres attestations que j'ai encore entre les mains, je me bornerai, en raison de leur longueur, à insérer à la suite de cette lettre les principales, telles que celles de M. le général de Sapinaud, de M. le comte d'Autichamp, pair de France; des maires et habitans de la commune de Blain et communes voisines, de MM. les officiers du troisième bataillon de Lot et Garonne, de M. le curé de Châtillon sur Sèvre, de MM. les maire et notables de cette ville, et un passage de l'*Histoire de la Vendée*, par M. Beauchamp, où mon nom figure dans le récit de la bataille de Dol (1).

Veuillez, Monseigneur, vous arrêter un moment ici, et jeter un coup d'œil sur cette partie de ma vie : direz-vous encore que je n'ai pas accompli les devoirs qui m'étoient imposés? Vous ne me ferez pas sans doute un crime d'avoir paru sur le champ de bataille dans cette guerre parricide (2)? Je n'ai jamais tiré l'épée, Monseigneur ; on ne m'a même jamais vu faire usage

---

(1) J'ai entre les mains les originaux de toutes les attestations citées dans cette lettre, et sur lesquelles le Roi a daigné m'accorder la décoration de la croix d'Honneur. On peut voir les dernières, à la suite de cette lettre, page 52 et suivantes des Pièces justificatives.

(2) Parricide, en effet, puisque les Français combattoient les uns contre les autres. Mais le parricide étoit de la part du gouvernement révolutionnaire, qui, après avoir renversé la monarchie et fait périr le meilleur des Rois, vouloit anéantir le pays où les débris de l'autorité légitime s'étoient réfugiés, et qui étoit devenu la véritable patrie des Français, dans le sens bien entendu de ce mot, de même que le Capitole étoit devenu la patrie des Romains après la prise de Rome par les Gaulois.

pour ma défense des armes dont la nature et la société légitiment l'emploi. Quoiqu'il y ait *peut-être* des circonstances extraordinaires qui échappent aux règles faites pour des temps où l'Eglise est paisible et la religion florissante ; quoique dans ces temps malheureux où le trône est renversé, l'autel détruit, les cérémonies saintes profanées, il soit *peut-être* permis au prêtre de ceindre l'épée, et de mourir en combattant pour la défense de son Dieu, cependant, Monseigneur, j'ai toujours respecté la pureté des maximes plus modernes, qui ont interdit aux ecclésiastiques des habitudes qui ne furent que trop communes autrefois, et je ne sache pas de prêtre vendéen qui n'ait agi comme moi. On m'a toujours vu au milieu des fidèles Vendéens, sans aucune arme offensive, les encourager à périr ou à vaincre pour leur Dieu et leur Roi. Je n'ai jamais, dans cette lutte déplorable, versé le sang de mes semblables ; je n'ai paru sur le champ de bataille que pour porter aux mourans les consolations de la religion, aux blessés les soulagemens de la charité. Certes, je ne crains pas de le dire, autant les vertus des Vincent de Paule, des Fénélon, sont supérieures aux vertus ordinaires, autant ma conduite sur ce sol désolé, étoit plus méritoire que celle des meilleurs prêtres, durant le cours d'une vie obscure et paisible. C'est dans la persécution que paroît avec plus d'éclat l'inviolable attachement à la religion , l'accomplissement de tous les devoirs, l'exercice de toutes les vertus : la persécution est le creuset qui épure les actions et les cœurs. Pendant que son glaive menaçant étoit suspendu sur ma tête, j'ai toujours glorifié mon Dieu et son saint nom ; j'ai présenté les secours de la religion à toutes les victimes de la guerre indistinctement. J'ai prêché Jésus-Christ au milieu des camps, sous la bouche des canons ; je l'ai prêché dans les bois, dans les déserts, dans les retraites les plus sauvages. J'ai consolé une population entière chassée de ses foyers, errante dans un pays dévasté ; j'ai soutenu son courage, j'ai adouci ses maux. Moi-même j'ai éprouvé les plus cruelles disgrâces, les plus grandes souffrances. J'ai tout perdu dans la Vendée, ma cure qui me rapportoit 5ooo fr., ma maison (1) qui a été brûlée, mon mobilier précieux, ma dernière ressource, qui a été dispersé. Mon corps est encore meurtri des fers que j'ai portés, des blessures que j'ai reçues. J'ai enduré les plus cruelles privations ; je me suis vu réduit à fuir d'asile en asile , à mendier le pain de la pitié pour soutenir ma triste existence. Voilà , Monseigneur, quels furent mes

---

(1) Au quartier-général même.

malheurs ; voilà quels furent mes premiers titres
à votre bienveillance. Je crois qu'ils ne le cèdent
à aucuns de ceux qui l'ont obtenue : l'un a pu se
distinguer par des prédications dans un temple
paisible ; un autre a pu vieillir dans une retraite
obscure et ignorée ; et un dernier, qui possède
aujourd'hui toute votre confiance, qui ressent
journellement les marques de votre amitié ,
tranquille chez l'étranger , à l'abri des orages
de la révolution , a eu l'art d'en rapporter de
l'or, des pensions et des distinctions honori-
fiques (1).

Revenu dans mes foyers, je n'eus plus qu'à
me consacrer à la pratique de vertus plus douces
et plus paisibles , et à me faire remarquer par
ma régularité et ma ponctualité dans l'accomplissement des devoirs de la vie civile et reli-
gieuse. Je remplis toutes les obligations du sa-

---

(1) Il y a plus ; un jeune homme de vingt-sept ans a
été nommé chanoine. Chanoine à vingt-sept ans ! Est-ce
bien dans l'esprit de l'institution ? La grande aumônerie
n'a fait cette nomination que sur la présentation qui lui a
été faite de Valence par Mgr de Sauzin , nécessairement.
C'est sans contredit une surprise qui a été faite à une administration aussi juste et aussi éclairée ; et son digne chef
surtout, S. A. S. Mgr le prince de Croï, n'eût certaine-
ment pas donné son assentiment à cette nomination, s'il
eût connu l'âge de celui qui lui étoit proposé.

cerdoce, sans négliger celles de la nature. J'as-
sistai, je soulageai la vieillesse de mon père, je
lui fermai les yeux. Pendant ce temps, je me
rendois à l'église, même avant que les offices
commençassent ; je me trouvois toujours le
premier au chœur ; je contribuois de tous mes
moyens à la solennité des saintes cérémonies.
Pour la commodité des fidèles, j'ai dit tous les
jours la messe à une heure où ils n'en avoient pas.
J'ai desservi pendant trois mois, gratuitement,
et à sept heures du matin, l'hôpital de Blois.
Sur la demande du curé, des marguilliers de Saint-
Nicolas et des colonels de la garnison, j'ai depuis,
toujours gratuitement, dit la messe à midi, dans
cette église, quelqu'éloignée qu'elle fût de mon
habitation, quelque fatigante qu'en fût l'heure
pour ma santé, devenue foible et délicate par
les misères et les privations que j'ai éprouvées.
J'ai baptisé, marié, administré toutes les fois
que j'en ai été prié, même sur d'autres paroisses que la mienne, et pendant la nuit ; en
même temps j'ai profité de l'amitié qu'ont eue
pour moi plusieurs grands fonctionnaires de ce
département, j'ai usé du crédit que j'ai pu acquérir, pour rendre service à mes concitoyens,
et faire du bien à mes semblables.

Voilà, Monseigneur, quelle fut, pendant les
vingt dernières années de ma vie, ma conduite

générale. M'est-il permis encore de citer quelques actions particulières plus remarquables
que les autres? Le saint zèle pour la religion et
l'humanité qui m'avoit enflammé, ne s'étoit point
éteint, en quittant le sol de la Vendée ; si les
occasions de le déployer étoient moins fré-
quentes, je m'efforçai de ne manquer aucune
de celles qui se présentèrent. Tout le monde
connoît le schisme qui éclata, au sujet du con-
cordat de 1801, à Blois et à Vendôme, et qui
produisit la secte des *dissidens*, qui subsiste
encore. Des ordres précis et rigoureux avoient
été donnés pour en arrêter les progrès. Le préfet d'alors, M. Corbigny, le général Verdière,
avec lesquels j'étois lié (1), me disent qu'ils vont
faire arrêter, la nuit prochaine, l'abbé H....
qui leur est signalé comme le chef de cette secte
naissante. Je lui écris de suite pour le prévenir
du danger qui le menace (2) ; je lui offre un asile,
je n'y mets d'autre condition que celle de ne
point entretenir de liaison pendant ce temps
avec ceux qui partagent son opinion. L'abbé

---

(1) Comme je l'ai été depuis avec tous les préfets du
Roi et tous les commandans militaires du département
depuis la restauration.

(2) *Voyez*, à la suite de cet écrit, la lettre que j'écri-
vois alors à l'abbé H...., page 59 des Pièces justificatives.

H... accepte mon offre ; je le loge dans sa maison qui étoit fort étroite alors ; il partage mon lit, ma table. Il peut déclarer que l'hospitalité que je lui ai donnée, a été gratuite. Mon père qui vivoit encore, ignora même ce qui se passoit ; M. Hadou , médecin, parent de **M. H....**, et Mlles **P.....**, avec qui il demeuroit auparavant, eurent seuls connoissance de sa retraite. Ces demoiselles furent inquiétées à leur tour ; j'eus le bonheur de les dérober à la persécution, en les faisant placer dans une maison sûre. Enfin, j'eus le bonheur plus grand encore, de voir l'abbé **H....** rentrer dans le sein de l'Eglise et de l'orthodoxie, et je fis sa paix avec le gouvernement, notre préfet et notre évêque. Je reçus bientôt après à ce sujet, deux lettres de félicitation, l'une de Mgr Bernier, évêque d'Orléans, l'autre de M. Portalis, ministre des cultes (1).

----

(1) Voici le texte de la lettre de Mgr l'évêque d'Orléans : « J'ai rendu compte à **M. Portalis**, ministre des cultes, de ce que vous avez fait pour **M. H.....** Je l'ai prié de le mettre sous les yeux de Sa Majesté. Il m'a répondu par la lettre dont je vous envoie l'extrait. Vous pouvez être assuré qu'il n'oubliera pas cet objet ; je me ferai un plaisir de le lui rappeler. Je vous prie de faire tenir la lettre ci-jointe à **M. H.....** ; je désire qu'une résolution ferme, invariable, telle que celle qu'il annonce, l'arrache à cette position fausse dans laquelle il s'étoit

Cette marque d'estime m'est d'autant plus précieuse que je courois un plus grand danger, et que, si la retraite de l'abbé H.... eût été découverte, j'étois regardé par l'autorité comme un partisan de la dissidençe, un perturbateur du repos public ; et la pureté de mes intentions ne m'eût pas mis à l'abri de la persécution. Dieu seul qui voit le fond des cœurs, m'a inspiré le courage de faire une bonne action, et l'a fait tourner à mon avantage.

Une épidémie se déclare-t-elle dans certains hôpitaux du nord de la France, je me dévoue aussitôt pour aller porter aux victimes de la contagion, les secours de la religion et de la charité. Plusieurs protestans de la confession d'Augsbourg réclament-ils mes soins et mes instructions, je les éclaire des lumières de la foi ca-

---

placé. Je vous assure de mon sincère attachement. Paris, 29 thermidor an XII.

Signé, † Et. Al., évêque d'Orléans.

Suit l'extrait de la lettre du ministre des cultes à Mgr l'évêque d'Orléans.

« Monsieur l'évêque, je ne manquerai pas de mettre sous les yeux de Sa Majesté le compte favorable que vous m'avez rendu de la conduite de M. l'abbé de Grandmaison, dont les soins ont ramené M. H.... aux bons principes. *Signé* Portalis. — Pour copie conforme, † Et. Al., évêque d'Orléans. » Même date que la précédente.

tholique, et je reçois leur abjuration, en cette ville. Je pourrois vous citer, Monseigneur, bien d'autres traits qui vous auroient fait connoître mon attachement à la religion, ma fermeté dans l'exercice de mes fonctions, si je ne savois combien une apologie est fatigante à entendre ; et je me serois déterminé à ne vous en rappeler aucun, si la calomnie et votre lettre qui l'a répétée ne m'y eussent contraint.

Après avoir répondu aux imputations écrites dans cette lettre, est-il nécessaire, Monseigneur, que je réfute les reproches que vous m'avez faits dans la conversation que j'eus quelque temps après avec vous? Il le faut bien encore, Monseigneur, quelque frivoles qu'ils soient, puisque la méchanceté s'en est emparée. Ils se réduisent à trois, si je me les rappelle bien. Vous me reprochez, 1° de ne pas porter constamment la soutane ; 2° d'avoir une cravate blanche au lieu du rabat ; 3° de fréquenter avec une prédilection trop marquée, le monde et la société, et de rechercher trop ardemment les plaisirs qu'ils offrent.

Si je n'ai pas toujours été revêtu de la soutane, c'est que dans l'usage, il n'y a que les ecclésiastiques dans l'exercice de leurs fonctions qui y soient obligés ; c'est que plusieurs ecclésiastiques de cette ville, qui même ont éprouvé les bontés de Votre Grandeur (1), m'ont servi d'exemple à cet égard ; c'est que le bas de la soutane portant sur une ancienne blessure que j'ai reçue et me causant une sensation douloureuse, je suis forcé de la relever avec la main, quand j'en suis revêtu ; en un mot, Monseigneur, c'est que j'ai cru que la soutane n'étoit pas l'attribut nécessaire du prêtre (2), et que son caractère sacré et indélébile se reconnoissoit à d'autres marques.

D'un autre côté, Monseigneur, si je conserve la cravate blanche au lieu du rabat, c'est que le rabat, comme vous devez le savoir, n'est pas d'usage avec l'habit coupé que je porte assez habituellement ; mais c'est surtout qu'ayant été dans le principe voué à une congrégation (3) qui ne portoit que du blanc, vous ne pouvez trouver mauvais que je conserve ce foible reste d'une institution qui m'étoit chère. Pardon, Monseigneur, si je vous entretiens un moment de la toilette des ministres du Seigneur, et si je rectifie vos idées sur ce point : mais vous m'y avez obligé, et cette discussion doit vous faire sentir

---

(1) Tels que MM. Ch...., B...., Bergevin, Lemoine, Gauvin, Cadot.

(2) A moins qu'il ne soit dans ses fonctions.

. (3) La congrégation de France.

une vérité que vous ne pouvez ignorer, que l'on dégrade et que l'on avilit la religion, en s'attachant trop scrupuleusement à des formes minutieuses, à des pratiques frivoles, qui font négliger les règles importantes et les principes essentiels.

Quant à l'article des sociétés et des plaisirs que vous me reprochez de rechercher, je vous avoue, Monseigneur, que j'ai fréquenté le monde autant qu'il est permis à un ecclésiastique décent de le faire ; que je n'ai pas cru que le sacerdoce fût une séquestration complète de la société, et qu'il ne m'est pas toujours arrivé de refuser une invitation, quand de vrais amis me l'ont faite franchement. Si quelquefois je me suis trouvé dans un cercle, j'ai tâché de ne point paroître ennemi des amusemens honnêtes que j'y rencontrois, de revêtir d'un langage insinuant et persuasif la morale douce et indulgente que j'ai constamment prêchée ; et je n'ai jamais pensé que la religion ordonnât d'être triste, morose et ennuyeux. C'est même par cette conduite que plusieurs prélats distingués, plusieurs curés éclairés lui ont fait tant d'amis, et ont rapproché de ses doctrines tant d'indifférens : la seule règle que je me sois imposée, a été de ne jamais passer les bornes qu'une juste décence me prescrivoit.

Loin qu'une telle manière d'agir soit répréhensible, loin qu'elle soit condamnée par l'Evangile, j'y trouve des exemples frappans qui l'autorisent. Notre divin Maître, Monseigneur, dont aucun de nous ne peut se flatter de surpasser la sagesse, ne se faisoit point scrupule, pendant qu'il étoit sur la terre, de fréquenter les réunions publiques. Il se trouva aux noces de Cana ; il mangea, il but lui-même avec des publicains (1) ; et, à un certain repas, il rencontra une femme qui avoit assurément mené une vie moins régulière qu'aucune de celles que j'ai vues dans le monde. En agissant ainsi, Monseigneur, Jésus-Christ nous a enseigné que l'homme, de sa nature, étoit un être sociable, et il nous a donné des leçons de tolérance réciproque, et d'indulgence que *tous* (2) ses ministres devroient bien imiter.

D'ailleurs, Monseigneur, la fréquentation du monde et de la société qu'un prêtre se permet,

---

(1) *Ecce multi publicani et peccatores venientes discumbebant cum Jesu et discipulis ejus.* (Evang. Matth., cap. 9, ℣ 10.)

Quare cum publicanis et peccatoribus manducat magister vester? (Idem, ℣ 11.)

(2) Je dis *tous* pour y comprendre les dèux prêtres qui me persécutent ; car je crois bien qu'en général mes confrères n'y manquent pas.

est avantageuse à la religion : devant lui les im-
pies n'osent étaler leur dangereuse doctrine ; si
l'un d'eux se hasarde à avancer un sophisme ir-
réligieux, le prêtre se hâte de le réfuter, et en
impose à l'incrédulité. Mais, ce qui vaut bien
mieux encore, il apprend à connoître les hommes
en les fréquentant, à sonder le fond de leurs
cœurs, à distinguer le mobile de leurs actions ;
et il voit mieux où il faut porter le remède,
comment il faut combattre les passions (1). Les
ecclésiastiques, qui n'ont jamais étudié le monde
que dans leurs livres, sont privés de ces con-
noissances si essentielles au médecin de l'âme :
voilà pourquoi la plupart du temps ils tonnent
en vain, et leurs coups portent à faux ; voilà
pourquoi l'immoralité, qu'ils ne savent pas saisir et prendre sur le fait, se rit de leur méprise.

Mais ce n'est pas tout, Monseigneur : comme
aucun de mes concitoyens ne vous avoit dit du

---

(1) Cette raison ressemble assez à celle que donne
Jésus-Christ, dans l'endroit cité ci-dessus, lorsque les
Pharisiens marquent à ses disciples l'étonnement où ils
sont de voir leur maître à table avec des publicains et des
gens de mauvaise vie. (Traduction de M. de Sacy.)

« *Quare cum publicanis et peccatoribus manducat magister vester?* » Jésus-Christ leur fait cette admirable réponse :
« Ce ne sont pas ceux qui se portent bien qui ont besoin
de médecin, mais bien ceux qui sont malades. *Non opus
valentibus medicus, sed malè habentibus.* »

mal de moi, vous m'avez ajouté qu'un Vendéen l'avoit fait. Je vous affirmai de suite que cela étoit impossible ; et depuis, ce Vendéen, qui n'étoit qu'un fantôme, s'est réduit à une dame originaire de Rennes, l'épouse de notre ancien directeur des contributions indirectes, Mme Def... Monseigneur, il n'est pas étonnant que cette femme vous ait dit du mal de moi, car elle m'a moi-même injurié en pleine rue, quand j'allois célébrer ma messe ; et sa haine a d'ailleurs une cause trop honorable pour moi, pour que je la taise.

Monseigneur, il y avoit, il y a moins d'un an, une administration rigoureuse et tyrannique dans cette ville : tous les jours les malheureux débitans de boissons étoient vexés par ses agens et traduits devant les tribunaux. La police correctionnelle retentissoit continuellement de leurs procès, de leurs plaintes et de leurs cris. Trop souvent la sévérité de la loi obligeoit les magistrats à prononcer des amendes ruineuses pour de légères infractions. Les visites domiciliaires se faisoient avec la dernière rigueur. On violoit jusqu'à l'asile le plus secret de la pudeur : c'étoit une véritable inquisition (1). Tous ces maux

----

(1) Elle étoit portée au point qu'on ne pouvoit plus donner momentanément l'hospitalité à un ami, ou à

avoient leur source dans le caractère dur , fis-
cal et tyrannique du directeur de cette administration , qui se servoit contre les malheureux
qui n'étoient qu'imprudens , de l'arme que la
loi lui avoit remise pour atteindre les fraudeurs.

---

toute autre personne, sans être sujet à la visite comme les
débitans. Les agens de M. le directeur portoient l'inso-
lence jusqu'à visiter le lit des dames, sous prétexte qu'il
pouvoit recéler quelques *boissons* non déclarées. C'est ce
qui arriva notamment chez M. Clergé, fournisseur des
vivres militaires, qui recevoit chez lui une dame anglaise,
son fils, sa fille et sa nièce, qui étoient venus en France
pour perfectionner leur éducation, et qui, pour jouir des
avantages de la société, avoient préféré sa maison à un
hôtel ou à une location particulière. M. Clergé fut tra-
duit par M. le directeur devant le tribunal de police correctionnelle, comme ayant contrevenu à l'article de la
loi, qui ordonne aux débitans la déclaration. Il gagna
son procès en première instance, en appel et en cassation.
J'avoue que je m'intéressai vivement et m'associai en
quelque sorte au succès d'une cause si juste. Pendant que
j'étois à Paris pour remplir la mission dont je vais parler, ce directeur m'accusa moi-même de la même con-
travention ; je le confondis sans avoir besoin du secours
des tribunaux. Quelques uns de ses commis ayant appris
que j'étois chargé d'aller me plaindre de sa conduite,
vinrent un soir jeter dans l'ouverture de ma porte des
registres de l'administration, qui étoient de nature à le
compromettre ; je refusai d'en faire usage. Tout cela
montre bien que c'est le sentiment du bien public et non
celui de mon intérêt ou d'une haine particulière qui m'a
fait agir dans cette affaire, comme je le développe plus loin.

Je l'avoue , je ne pus voir de sang froid des abus si crians. Chargé des vœux de plusieurs honnêtes citoyens , des commis même du directeur, qui ne pouvoient plus supporter son despotisme intérieur, sollicité par le cri public, je déposai aux pieds de l'autorité les plaintes qui s'élevoient contre cet homme Je rendis compte de ses excès à MM. les députés du département, à plusieurs ministres , et je demandai justice pour un arrondissement opprimé par cet administrateur. Le gouvernement accueillit ces prières ; M. Def.... fut changé (1) : un autre directeur le remplaça ; et depuis, une administration sage , bienfaisante et paternelle a fait oublier les maux de la première , et rétabli la tranquillité dans cette partie de la société , qui en avoit été si long-temps la victime.

Certes, je puis dire hautement que j'ai rendu un grand service à mes concitoyens : quelques uns pourtant, dit-on, ont prétendu qu'il ne me convenoit pas de dénoncer un mauvais fonctionnaire. Et pourquoi donc , je le demande, un prêtre seroit-il condamné à ne pouvoir servir ses compatriotes ? Pourquoi, membre de la société , ne chercheroit-il pas à adoucir son sort ,

____

(1) Ce changement se réduisit à une retraite de 3,800 f. qui lui fut accordée.

à apporter un terme aux abus qui la feroient gémir ? En cela il ne fait que remplir un devoir. On a vu en tout temps, sous l'ancienne monarchie surtout, de vertueux prélats, de respectables ecclésiastiques, venir déposer au pied du trône les plaintes des peuples qui leur avoient confié leur défense, et demander vengeance de la tyrannie qu'on exerçoit sur eux sous le nom de l'autorité trompée. C'est même en raison de ce bel attribut que les prêtres ont acquis et mérité le nom de pasteurs des peuples, qui rappelle leur première destination.

Qu'on ne dise pas que j'ai mis trop de chaleur à signaler des injustices, que j'ai accusé avec passion. Il est difficile de se plaindre froidement d'une vexation, et de vouloir le bien foiblement. Tel n'est pas mon caractère, je l'avoue ; et cependant je ne crois pas avoir passé les bornes, ni méconnu les égards que l'on doit encore à l'homme que l'on contribue à faire destituer; après cela, si quelques personnes n'étoient pas encore satisfaites, je ne voudrois plus m'excuser envers elles, qu'en leur rappelant le passage de Montesquieu, où il dit (1) : « que » nos actions tiennent à tant de choses, qu'il » est mille fois plus aisé de faire le bien que de

____

(1) *Esprit des Lois*, liv. **XXVII**, ch. **XLII**, *in fine.*

» le bien faire. » J'ajouterai , et surtout que de contenter tout le monde.

Quant à vous , Monseigneur, dont les vues sont grandes et élevées , vous me féliciterez intérieurement de m'être exposé à la haine ou à la critique d'un petit nombre, pour rendre service à tous.

Maintenant, Monseigneur, il est temps d'être vrai : ce n'est pas par ce que j'aurai manqué à quelqu'un de mes devoirs , parce que je me serai rendu indigne de votre bienveillance , que vous m'avez rejeté de votre sein , que vous m'avez dégradé. Il y a un autre motif secret que vous ne pouvez vous dissimuler à vous-même ; c'est ce motif qui vous a causé tant d'inquiétudes depuis que je vous expliquai mes raisons, qui vous a fait si long-temps balancer entre la crainte d'une injustice et celle de déplaire à ceux qui vous ont suggéré tant de perfides insinuations, tant de fausses préventions contre moi ; et sans doute , Monseigneur, que vous eussiez rétracté les promesses que la méchanceté vous avoit arrachées , et que la justice eût repris ses droits , si la haine d'un prêtre étranger, qui m'avoit calomnié dans votre esprit , et qui avoit obtenu de vous ma perte , avant votre arrivée à Blois , n'avoit été puissamment soutenue , réchauffée depuis par un autre prêtre qui s'est fait la créature du premier, et qui fonde toute sa grandeur future sur l'appui que celui-ci lui donnera en proportion du mal qu'il m'aura fait ; peut-être enfin, Monseigneur, seriez-vous revenu sur votre décision, si mon nouvel ennemi ne vous approchoit pas tous les jours , et ne vous enlaçoit pas de plus en plus dans le piége qu'il a tendu à votre confiance et à votre bonne foi.

Je vais donc , Monseigneur, vous rappeler la véritable cause à laquelle j'impute ma disgrâce : vous serez à même ensuite de me dire si je ne l'ai pas bien distinguée.

M. Desjardins , grand-vicaire de l'Eglise de Paris, avoit demandé à M. de Bombelles , premier aumônier de Mme la duchesse de Berry , la place d'aumônier du duc de Bordeaux, au château de Chambord , pour un de ses parens. J'avois des prétentions sur cette même place, en ma qualité d'ancien aumônier de l'armée vendéenne, et d'après la promesse que m'en avoit faite M. de Bombelles lui-même (1). J'étois en outre appuyé par nos députés. Je ne connoissois nullement l'abbé Desjardins ,

Quand j'osai contre lui disputer l'encensoir ;

---

(1) *Voyez* la correspondance à ce sujet, page 59 des Pièces justificatives.

j'avois seulement appris qu'avant de faire un si brillant avancement, il n'avoit pas répugné à remplacer le prêtre contre lequel il avoit été chargé de faire un rapport. Depuis cette opposition arrivée entre nous au sujet de l'aumônerie de Chambord, je n'en avois plus entendu parler.

L'année dernière, pendant un séjour d'un mois environ que je fis à Paris, j'obtins de M. le curé de Saint-Germain-des-Prés, sur la paroisse duquel je résidois, la permission de dire ma messe tous les matins dans son église, suivant l'usage que j'ai contracté ; et je la célébrai régulièrement jusqu'au moment de mon départ. La veille de ce jour, j'allai faire mes adieux au respectable curé de cette paroisse, qui me donna sur-le-champ lecture d'une lettre qu'il venoit de recevoir de Mgr l'archevêque de Paris, et qui étoit ainsi conçue : « M. le curé, j'apprends » qu'un nommé Grandmaison, se disant prêtre, » dit la messe dans votre église sans *celebret;* » vous voudrez bien lui refuser des ornemens. »

Je pressentis de suite que l'archevêque de Paris étoit abusé, et je vis d'où le coup étoit parti. Je ne pouvois dévorer une aussi sanglante insulte ; j'étois déterminé à me plaindre à M. le procureur-général de l'attentat commis contre mes droits. M. le curé me pria de garder le silence, me promit d'aller le jour même à l'Archevêché, de détromper l'archevêque sur mon compte, et, en attendant, il me remit un certificat de la conduite que j'avois tenue ; et l'ecclésiastique chargé de la sacristie m'en remit un autre (1). Muni de ces deux pièces honorables, je me dirigeai vers l'Archevêché. Monseigneur n'étoit pas visible. J'insiste pour avoir une audience, sur le motif que j'étois près de retourner dans mon diocèse. On me fait entrer dans une grande salle. Après un quart d'heure, un chanoine en habit de chœur paroît : c'étoit M. l'abbé Desjardins. Il me dit être chargé de remplacer l'archevêque près de moi. Je lui annonçai que je venois me plaindre de la manière plus qu'inconvenante dont Monseigneur s'étoit exprimé sur mon compte. Je lui dis qu'il auroit dû s'informer de moi, avant de traiter avec autant de mépris un ecclésiastique respectable. — Vous le prenez bien haut, me dit M. l'abbé Desjardins. — Monsieur, lui répondis-je, je le prends comme il faut. — Eh bien ! reprit-il, je vous dirai que le véritable motif de la lettre de Monseigneur est le scandale que vous avez causé à une personne respectable (2), en ne mettant qu'onze minutes à dire votre messe. — Je lui fis observer

---

(1) *Voyez* ces deux certificats, pages 61 des Pièces justificatives.

(2) M. Desjardins a même été plus injurieux ; il a dit :

que cette personne respectable qui avoit été si fort scandalisée, n'avoit pas sans doute été conduite à l'église par un simple motif de piété ; que sans cela elle n'auroit pas tenu constamment les yeux sur sa montre ; que ce ne pouvoit être qu'un espion envoyé par lui pour faire un faux rapport contre moi, me perdre dans l'esprit de l'archevêque de Paris, et acquérir un moyen de se venger de la lutte que j'avois autrefois soutenue contre lui. — Etonné d'une réponse à laquelle il ne s'attendoit pas, et qui lui faisoit bien voir que je l'avois démasqué, il voulut se jeter sur un autre sujet, et me fit d'autres reproches (1). Alors, révolté de les recevoir de la bouche d'un prêtre qui n'avoit aucun droit sur moi, et qui ne vouloit que m'humilier, je le

---

Une personne plus respectable que vous. Je veux bien ne pas relever ce trait.

(1) Ces reproches n'étoient autre chose que de m'être présenté à l'Archevêché sans soutane, comme si étant en voyage, près de partir pour ma résidence, habitué à aller visiter mes évêques et mes supérieurs naturels avec l'habit que je portois, je devois nécessairement paroître en soutane devant l'archevêque de Paris ! Le reproche étoit futile et ridicule ; mais je prie le lecteur de remarquer la coïncidence qu'il a avec celui que Mgr l'évêque de Blois m'a fait depuis, et que j'ai rappelé précédemment. Peut-être que ce rapprochement donnera la clef de ce dernier reproche, et fera entrevoir à qui je dois réellement l'imputer.

quittai brusquement, en lui disant : « Que je
» reconnoissois bien qu'il n'y avoit pas d'admi-
» nistration plus mal dirigée que celle qui l'étoit
» par des parvenus et des intrigans ; que je plai-
» gnois le diocèse de Paris de l'avoir pour un
» de ses chefs (1). » Furieux d'une telle apos-
trophe, je l'entendis s'écrier de loin : « Vous
» me le paierez, » et proférer encore quelques
autres menaces que je ne pus comprendre. J'é-
crivis de suite à l'archevêque, pour réclamer
contre l'erreur où on l'avoit induit sur mon
compte, et me plaindre des procédés de son
représentant. M. l'abbé de la Calprade lui fit
remettre ma lettre ; et j'ai su depuis que Sa Grandeur avoit paru très-affligée de ce qui s'étoit
passé à mon égard, et qu'elle avoit donné ordre
de m'en écrire ; ce qui n'a pas été fait, et je pré-
sume bien qui y a mis obstacle. Je rendis compte
depuis à mon respectable évêque, Mgr de Varicourt, de ce qui m'étoit arrivé ; il m'engagea à
l'oublier, et cet événement étoit totalement sorti
de mon esprit quand vous vîntes à Paris vous
faire sacrer, avant de vous rendre dans votre
diocèse.

---

(1) J'avoue que j'ai été vif avec l'abbé Desjardins ;
mais je lui attribuois, comme je lui attribue encore, la
mortification que je venois d'essuyer ; et, comme on a
pu le voir, il avoit été fort malhonnête à mon égard.

C'est alors que la vengeance commença son ouvrage, que la calomnie distilla son venin contre moi. La haine fit près de vous des démarches pour me perdre dans votre esprit. On fit parler un respectable personnage, on emprunta son autorité (1); et, pour donner plus de vraisemblance à ces accusations, on les fit soutenir par le seul prêtre qui pût être supposé connoître ma conduite, et qui consentit à se joindre à mon ennemi, dans l'espérance d'en être protégé, et de s'élever plus haut par son influence et son crédit. C'est ainsi, Monseigneur, si vous vous le rappelez, que la calomnie a consommé ma perte. Un pacte infâme que vous avez toujours ignoré, m'a enlevé votre estime et vos bonnes grâces (2). Je m'abstiendrai de vous en nommer les auteurs, parce que vous les connoissez ; et,

---

(1) L'archevêque de Paris qui ne me connoissoit pas, qui ne m'avoit jamais vu, auroit-il donc pu être abusé sur mon compte une seconde fois?

(2) Comment un prêtre a-t-il pu pendant près d'un an conserver du ressentiment contre son frère, et saisir avidement, après un si long temps, une occasion de se venger? Ce prêtre, couvant la haine et la calomnie au fond de son cœur, a-t-il pu conseiller le pardon des injures aux augustes personnes qui, dit-on, l'honorent de leur confiance? Est-ce ainsi qu'il pratique le précepte de l'apôtre, qui défend de laisser coucher le soleil sur notre colère? De quel front ose-t-il, après cela, réciter la touchante prière, qui ne peut obtenir la remise de l'offense

dans l'intérêt de la religion, je veux bien ne pas désigner leurs noms au public, qui ne les devine peut-être que trop bien.

Et si ce n'étoit pas à Paris, Monseigneur, que le complot s'est formé, et que mes accusateurs ont trouvé accès près de vous, pourquoi donc, d'un côté, m'écriviez-vous de Valence, dans votre lettre du 26 avril dernier (1) : « Que le Ciel pou-

qu'autant que nous la pardonnons nous-mêmes? De quel droit ose-t-il paroître en juge au tribunal de la réconciliation?

Si cette conduite excite un sentiment profond d'indignation, que penser de celle de cet autre prêtre qui, sans motif et rompant tous les liens de l'amitié, s'associe à la haine et à la vengeance du premier? Je ne connois point de spectacle plus affligeant pour la religion et l'humanité qu'une ligue aussi odieuse.

Mais si je considère l'intérêt public, l'injustice dont je suis victime peut avoir des conséquences bien plus funestes. Si un ecclésiastique étranger à l'administration épiscopale a le droit de s'immiscer dans cette administration; si l'évêque ou le prêtre d'un diocèse peut influer sur les nominations d'un autre diocèse; s'il peut décider arbitrairement qui sera admis, qui sera rejeté, que devient la liberté du dispensateur naturel des grâces? que devient l'indépendance des choix? quelle large porte ouverte à la calomnie et à toutes les passions haineuses! Je crois voir la terrible bouche de pierre qui s'ouvre, à Venise, à tout délateur qui vient y déposer son accusation (*).

(1) *Voyez* ces deux lettres, pag. 62 et 63 des Pièces justificatives.

(*) *Voyez* Montesquieu, *Esprit des Lois*, liv. V, ch. VIII.

voit seul me récompenser de tous les sacrifices que j'avois faits sur la terre ; que vous ne pourriez m'en offrir au nom de l'Eglise qu'un bien foible dédommagement, mais que vous me l'offririez avec empressement ? » Pourquoi, dans celle du 26 mars précédent, me promettiez-vous de venir habiter dans ma maison, et, dans l'une comme dans l'autre, me combliez-vous de toutes sortes de marques d'estime et d'amitié ? Pourquoi, d'un autre côté, avez-vous dit à M. le préfet de ce département, à M. Pointeau (1) et à moi-même, que, *dès Paris*, vous vous étiez déterminé à mon égard, et que mon exclusion y avoit été arrêtée d'avance ?

Il semble pourtant, Monseigneur, que la justice exigeoit que vous suivissiez une marche différente ; que vous ne pouviez point me condamner sans m'entendre ; que ce n'est point à Paris que vous deviez former votre opinion sur les plaintes qui vous étoient faites contre moi ; que vous deviez, avant tout, prendre des informations sur ma conduite là où je réside, là où

____

(1) M. Pointeau, curé de l'église cathédrale de Saint-Louis, à Blois, devenu grand-vicaire de Monseigneur aux dernières promotions, et qui sans doute ne s'arrêtera pas là. C'est chez lui que Monseigneur a choisi un logement en attendant que sa demeure provisoire soit préparée pour le recevoir.

je suis connu , là où tous mes concitoyens auroient déposé en ma faveur. Vous eussiez au
moins dû vous adresser à mes supérieurs ecclésiastiques, aux grands-vicaires d'Orléans. Enfin
j'étois à Paris quand on m'accusoit devant vous,
et vous ne m'avez pas seulement prévenu de
l'attaque dirigée contre moi ; vous ne m'avez pas
seulement averti de venir me défendre. Ignorant
les coups qui m'étoient portés, comment pouvois-je les parer ? comment pouvois-je déjouer
les manœuvres de mes ennemis ? Je n'ose vous
reprocher, Monseigneur, une réticence qui m'a
été si funeste; vous êtes mon supérieur, et
maître de vos déterminations ; mais que puis-je
penser du silence que M. Pointeau, mon confrère et mon égal, qui étoit aussi à Paris alors,
qui voyoit, qui entendoit tout, a gardé avec
moi ? Et quels soupçons ce silence pourroit me
faire concevoir ?

J'avois cru d'abord que vous aviez cherché à
connoître la vérité de la bouche des grands-
vicaires d'Orléans (1); je voulus savoir si vous
les aviez consultés, et si, contre mon attente,
quelqu'un d'entre eux avoit pu me nuire dans
votre esprit. Je leur écrivis; et ils me répondirent

____

(1) Vous m'aviez même affirmé qu'ils vous avoient
dit du mal de moi; ce qui n'étoit pas, comme leurs
lettres le prouvent.

par leur lettre du 13 septembre, « que non seu-
» lement ils ne vous ont pas dit du mal de moi,
» puisque vous ne les avez pas consultés, ni sur
» moi ni sur qui que ce soit ; mais que si vous
» leur eussiez parlé, ils n'auroient pas pu, sans
» mentir à la vérité, parler à mon désavantage ;
» qu'ils croyoient, comme ils m'en avoient
» félicité à mon passage dans leur ville, d'après
» ce que leur avoit assuré Mgr de Beauregard,
» que j'étois déjà chanoine titulaire ; qu'ils se-
» roient très-surpris si je ne l'étois pas, etc. »
Ils ajoutent « que si quelqu'un m'a desservi
» près de vous, ce n'est pas d'Orléans que le
» trait a été décoché ; que l'archer est beaucoup
» plus près de moi ; que l'intrigue, l'ambition
» et le désir de se pousser aux premières places,
» m'auront fait écarter. » Ils finissent, en me
disant, « que rien dans ma conduite qu'ils con-
» noissent depuis bien des années, ne peut
» s'opposer à ce que vous me nommiez chanoine
» titulaire, et que l'honorable témoignage que
» m'a donné Mgr de Varicourt, en me créant
» dignitaire de sa cathédrale, les dispense de
» s'étendre plus longuement sur mes estimables
» et aimables qualités (1). »

____

(1) Ma position m'oblige à faire des citations très-
bienveillantes pour moi, que je me serois interdites en
tout autre circonstance.

Cette honorable assurance de mes anciens supérieurs, qui me doivent bien connoître, m'est infiniment précieuse, Monseigneur ; elle doit fermer la bouche à mes détracteurs ; mais ne semble-t-il pas qu'ils aient assisté aux conciliabules de ces derniers, ou qu'ils aient bien pénétré le fond de leurs cœurs, quand ils m'écrivent : *que c'est l'intrigue, l'ambition, et le désir de se pousser aux premières places qui m'auront fait écarter ?* Quel trait de lumière dans ces paroles de la même lettre : *ce n'est pas d'Orléans que le trait a été décoché ; l'archer est beaucoup plus près de vous !* Ah ! Monseigneur, qui suis-je forcé de reconnoître à des signes aussi clairs ? N'est-ce pas celui que j'ai cru long-temps mon ami, mais que depuis, l'ambition, la soif des honneurs ont entièrement éloigné de moi ? N'est-ce pas celui qui en quelques années a envahi toutes les places, tous les titres qui se rapportent à la religion ; qui s'est fait introduire dans un grand nombre de fonctions civiles, malgré l'incompatibilité de la plupart d'entre elles (1), malgré la répugnance des fonctionnaires supérieurs ? N'est-ce pas celui qui s'attache sans cesse à vos

---

(1) Pour n'en citer qu'un exemple, n'est-il pas absurde que la même personne soit chargée, en qualité de membre du conseil municipal, de recevoir les comptes qu'elle est tenue de rendre en qualité d'administrateur des hospices ?

pas, pour obtenir seul votre confiance et votre faveur? N'est-ce pas enfin celui qui, avide de dignités nouvelles, brûlant d'arriver à l'épiscopat et de recueillir la succession de vos titres, veut à tout prix obtenir une coadjutorerie (1) qui les lui assure, et s'abaisse à servir la haine d'un prêtre étranger qui lui a promis de lui ouvrir cette route, s'il faisoit réussir ses infâmes délations? Le public, Monseigneur, avoit distingué ces manœuvres et ce but avant moi; et c'est encore à peine si j'ose croire aujourd'hui à un trait aussi inouï de perfidie et de déloyauté.

Après tout ce que je viens de vous dire, Monseigneur, étoit-ce bien à moi qu'un sort aussi rigoureux devoit être réservé? A quoi donc m'a servi de m'être sacrifié mille fois pour le trône et l'autel, d'être arrivé successivement des derniers grades de la hiérarchie à ceux de chanoine de l'église, d'avoir été honoré de l'estime et de l'amitié de Mgr de Varicourt, ce respectable évêque du diocèse d'Orléans, d'avoir été nommé par lui dignitaire de son chapitre? Etoit-ce à soixante ans, après avoir joui pendant tout ce

_____

(1) Le sentiment que j'énonce ici sur l'épiscopat et la coadjutorerie ne m'appartient pas. Il est le résultat d'une opinion devenue universelle. J'aurois craint de me tromper en l'exprimant si je l'eusse conçu moi même.

temps de la considération publique (1), que je devois éprouver une pareille humiliation? Etoit-ce après mes longues et pénibles fatigues, après mes services en tout genre que je devois être frustré de cette nouvelle récompense, et de cette douce retraite que ces sortes de dignités sont destinées à procurer?

Vous ne vous rappelez peut-être plus, Monseigneur, que c'est à mon désintéressement, à mon zèle pour la splendeur de la religion, à mon amour pour votre personne, que vous devez la certitude d'être réintégré dans le palais épiscopal qu'ont habité vos prédécesseurs; et pourtant, comme vous l'avez appris (2), si j'eusse consenti à abandonner ma maison au département pour une forte somme, qui m'eût assuré de nouvelles ressources, en même temps que la ville eût évité des déplacemens dispendieux (3),

----

(1) Voyez en quels termes m'écrivoient Mgr de Varicourt et plusieurs autres prélats et respectables personnages, dont j'insère quelques lettres pages 63 et suivantes des Pièces justificatives, pour faire voir les témoignages de confiance et d'estime qu'ils me donnoient. J'ai eu soin de n'y placer que celles qui pouvoient devenir publiques; et encore a-t-il fallu toute la bizarrerie de ma position pour m'y résoudre.

(2) *Voyez* la lettre de Mgr de Sauzin, à la date du 26 mars, parmi les Pièces justificatives.

(3) Si j'eusse voulu vendre ma maison, avec 20,000 fr.

cette habitation eût servi de résidence à Votre Grandeur, et ni vous, ni vos successeurs ne fussiez peut-être jamais rentrés dans l'ancien évêché. D'un autre côté, j'ai mis à profit la bienveillance que me témoignent quelques ministres, l'amitié que m'accordent nos députés, pour avancer votre nomination. Délégué par le clergé de Blois pour assister à votre sacre, comme je l'ai toujours été dans les circonstances importantes, je n'ai pas craint la dépense qu'il m'en a pu coûter; j'ai même emprunté les fonds qui m'ont été nécessaires. Vous savez, Monseigneur, quel prix j'ai reçu de tant d'efforts et de dévouement; vous savez maintenant qui en a retiré les avantages, et qui les méritoit peut-être. *Sic vos non vobis* (1).

Ne croyez pas du reste, Monseigneur, que je regrette vos récompenses, et que je désire les recouvrer. Non, j'y renonce à jamais. Désormais une seule pensée peut m'occuper. Je ne

---

de dépenses on en faisoit une demeure très-belle et très-commode pour Monseigneur, et le département étoit affranchi de plus de 250,000 fr. de dépenses qu'il s'est résigné à faire pour la translation de la préfecture et celle du collége, qui en est la suite.

(1) *Sic vos non vobis nidificatis, aves;*
Sic vos non vobis mellificatis, apes;
Sic vos non vobis vellera fertis, oves.
Etc. (VIRGILE.)

prétends plus qu'à conserver l'honneur que la calomnie, et votre lettre qui en est le triste écho, m'ont ravi. L'honneur désormais sera mon seul cri; et comme son essence est indépendante du crédit ou de la puissance, le public me rendra justice, et je resterai pur et sans tache.

Irez-vous encore après cela, Monseigneur, me *renvoyer aux canons des conciles* pour y apprendre la règle de ma conduite? Je n'en ai pas besoin. Si les canons m'interdisoient des actions que ma conscience n'a jamais blâmées, peut-être devrois-je être embarrassé, car si les canons ont été dictés aux hommes par l'inspiration de l'Esprit saint, ma conscience aussi est l'ouvrage de la Divinité, et son instinct incorruptible ne m'a jamais trompé, tandis qu'on est forcé de reconnoître qu'au milieu du choc des passions humaines, des conciles ont détruit, anathématisé d'autres conciles (1); mais d'ailleurs

---

(1) **Je** réduis ainsi les choses à l'extrême, et je fais une supposition en quelque sorte impossible, pour mieux faire sentir la rigueur de la leçon que Monseigneur m'a donnée bien durement; car, du reste, je crois bien sincèrement que si, dans les premiers temps de l'Eglise, où les dogmes religieux vinrent à se fixer, et la discipline ecclésiastique à s'établir, il y eut quelque opposition entre les doctrines des divers conciles, ces différences se sont successivement effacées pour faire place à des principes uniformes de religion et de morale qui,

les censures de ces canons ne peuvent atteindre ma vie, que je vous ai démontré avoir toujours été irréprochable ; et si vous vouliez, Monseigneur, rechercher des abus réprouvés par les canons, vous pouviez les trouver plus près de vous (1).

étant une conséquence de la raison universelle épurée par l'inspiration divine et la révélation, ne pouvoient plus être en contradiction avec la conscience, qui n'est elle-même qu'une émanation de la justice et de la raison universelles.

(1) Plusieurs conciles défendent expressément qu'un prêtre et une personne du sexe habitent dans la même maison, à moins qu'elle ne soit sa servante ou sa proche parente.

La lettre canonique de Saint Basile, insérée au canon du samedi du vingtième dimanche après la Pentecôte, est encore plus sévère ; elle s'exprime ainsi : « *Nec primi, nec* » *soli sancivimus ne unà cum viris (ecclesiasticis) habitarent* » *mulieres. Quòd ab apostolo edocti sumus non esse fratri* » *ponendum offendiculum, quare præcipimus sanctorum pa-* » *trum constitutionem sequentes, ut à muliere separeris.* »

Si cette constitution canonique étoit suivie, Monseigneur n'eût pas eu dernièrement le désagrément, au moment où la plupart des curés du diocèse étoient venus le saluer, de s'entendre dire par une femme qui n'est ni servante, ni parente de celui chez qui elle habite : « Mon- » seigneur, venez donc vite donner la bénédiction à tout » le monde pour vous en débarrasser. » Je laisse à penser quelle impression ces paroles ont faite sur le nombreux clergé qui étoit présent et qui les a entendues aussi bien que moi.

Me direz-vous encore de *cesser mes plaintes* et de *les tourner contre moi-même ?* c'est-à-dire, qu'innocent, je dois m'avouer coupable pour satisfaire votre conscience; que je dois encore bénir le bras qui m'a frappé. Est-ce de votre bouche, Monseigneur, que ces paroles sont sorties? Avez-vous bien senti la cruauté d'un pareil langage? et ne rappelle-t-il pas ces *amendes honorables* que la force n'a que trop souvent imposées à la foiblesse, sans jamais prouver la vérité des accusations et la nécessité du repentir?

Ah! Monseigneur, que diroit ce digne prélat, qui m'accordoit son estime et son amitié, qui m'avoit créé dignitaire, Mgr de Varicourt, si, revenant à la vie, il voyoit son choix méprisé, s'il voyoit dégradé, expulsé de la place qu'il avoit jusque là occupée, celui qu'il avoit toujours distingué? Sans doute, il gémiroit de l'injure faite à sa mémoire, il plaindroit le prélat qui se seroit ainsi laissé abuser. O vénérable évêque! ô grand homme! ne t'indigne pas de l'injustice que j'éprouve. Trop souvent, tu le sais, d'indignes calomniateurs assiégent l'oreille des puissans, leur cachent la vérité, et oppriment l'innocence. Au moins, si un sort pareil m'est réservé, si leurs coupables manœuvres séduisent la bonté, et subjuguent la foiblesse, toujours la mémoire des distinctions que j'aurai reçues de toi, consolera mon cœur abreuvé d'amertumes, et servira de réponse à la calomnie ; j'en défierai à jamais les traits les plus envenimés, en disant avec orgueil que tu daignois m'honorer de ton estime et de ta bienveillance. Pardonne, ombre respectable ! si je t'évoque du fond de la tombe, ou plutôt du haut des cieux où tu résides, pour venir me rendre justice ici bas, pour venir détromper mon nouvel évêque ; mais tel est l'ascendant du nom seul de l'homme de bien, que, même après sa mort, son souvenir défend encore ceux qu'il a protégés et considérés pendant sa vie.

Il faut finir, Monseigneur ; ces tristes pensées m'oppressent, et renouvellent le sentiment de mes douleurs. A présent que j'ai rendu ma justification aussi complète qu'elle peut être, c'est à vous, Monseigneur, d'être juste. Vous avez un grand devoir à remplir : en me dégradant de ma dignité, vous m'avez enlevé, non de vains émolumens qui n'y étoient pas joints, mais un bien infiniment plus précieux, l'honneur. Votre lettre a achevé de me porter un coup encore plus sensible : je n'ai plus eu d'autre espérance de vous détromper sur moi, qu'en vous retraçant les principaux événemens de ma vie, et en vous mettant à même d'interroger mes concitoyens sur la vérité de mon apologie. La religion, la charité, vous obligent, Monseigneur, de réparer le tort que vous avez fait à ma réputation, et de rendre hommage à mon caractère, car c'est désormais la seule justice que je réclame. J'ose donc l'attendre, Monseigneur, et ce sera un jour heureux pour moi que celui où j'apprendrai que vous avez daigné reconnoître mon innocence, et regretter le chagrin que vous m'avez causé.

Agréez, Monseigneur, les sentimens du plus profond respect avec lequel j'ai l'honneur d'être,

Monseigneur,

Votre très-humble et très-
obéissant serviteur.

DUBIN DE GRANDMAISON.

Blois, ce 8 octobre 1823.

LETTRES

ET PIÈCES JUSTIFICATIVES.

Lettre de Mgr l'évêque de Blois à M. l'abbé de Grandmaison.

Blois, ce 13 septembre 1823.

MONSIEUR L'ABBÉ,

Soyez bien persuadé que je ressens la peine que je me vois forcé de vous causer, en ne vous donnant pas la place que vous vous attendiez d'avoir dans le chapitre de l'église de Blois que je vais former. Mais j'ai dû peser dans la balance du sanctuaire les titres que vous m'avez présentés pour prétendre au moins à un canonicat ; et je vous le redis avec une bien sincère douleur, ces titres, malgré tous les égards qu'ils méritent et que je voudrois y avoir, m'ont paru absolument insuffisans. Il en est d'autres indispensables que vous avez malheureusement trop négligé d'y joindre, et que vous trouverez bien expressément indiqués et requis par le saint concile de Trente, et par tous les conciles qui ont parlé des qualités et des vertus que doivent avoir les chanoines des églises cathédrales. Veuillez bien, M. l'abbé, relire les canons de ces conciles, et seulement même celui du concile de Rouen de 1581, que vous avez à *prime* du lundi de la dixième semaine après la Pentecôte, dans le bréviaire du diocèse, et faire ensuite un retour sur vous-même. J'en

4.

appelle à ce que votre conscience vous dira. Je vous crois et vous connois en même temps trop de droiture et de franchise pour ne pas espérer qu'elle vous engagera à cesser vos plaintes et à les tourner plutôt contre vous-même ; alors vous ne penserez plus qu'à acquérir ce qui vous manque pour devenir membre d'un corps qui doit servir de modèle et de règle à tout le clergé du diocèse, et ce sera une bien douce satisfaction pour moi quand je vous verrai bien occupé de tous les objets qui doivent remplir la vie d'un prêtre, de pouvoir me rendre à vos désirs dès que la Providence m'en présentera l'occasion.

J'ai l'honneur d'être avec un sincère dévouement,

Monsieur l'abbé,

Votre très-humble et très-
obéissant serviteur,

† F. Ph. FR., évêque de Blois.

Copie des attestations fournies à M. l'abbé de Grand-maison, et énoncées dans sa Lettre justificative.

M. Dubin de Grandmaison, d'après les ordres de S. M. Louis XVIII, à nous notifiés par M. le duc de Luxembourg, en date du 23 mai, je vous autorise, en reconnoissance de vos bons et loyaux services et de votre dévouement à la cause du Roi, à porter la fleur de lis d'argent, marque distinctive de saint Philippe, créée par Monsieur frère du Roi, lieutenant général du royaume. — Délivré par nous général en chef de l'armée du centre, et scellé des armes du Roi.

Paris, ce 24 mai 1814.

Signé, DE SAPINAUD, général
en chef vendéen.

Je soussigné, lieutenant général commandant pour le Roi la 22ᵉ division militaire, certifie à qui il appartiendra que M. Dubin de Grandmaison, ancien curé de Breuil-Chaussée, près de Bressuire, et actuellement chanoine honoraire à la résidence de Blois sa patrie, s'est réuni dès le premier moment de l'insurrection à l'armée catholique royale de la Vendée, dont il étoit un des aumôniers, qu'il a constamment suivie en cette qualité, avant et après le passage de la Loire ; qu'à l'affaire de Dol, il a arrêté, à quelque distance du séminaire de cette ville, une colonne forte de près de 3000 hommes vendéens qui fuyoient en désordre sur la route de Saint-Malo, où ils auroient infailliblement été massacrés ; que par ses pressantes sollicitations et son exemple il les a ramenés au champ de l'honneur et de la victoire ; qu'après que l'armée a été obligée de céder à la force, il a consacré les momens de sa retraite à entretenir dans le cœur des Bretons l'amour sacré de la religion et de l'auguste dynastie des Bourbons ; qu'après la pacification, victime de son attachement à la plus digne des causes, il a été enlevé par ordre du gouvernement révolutionnaire, et conduit à Nantes chargé de chaînes ; que rappelé après le 13 vendémiaire par les Vendéens, il a nourri et fait nourrir au mois de pluviose suivant, 800 militaires qui étoient cernés par les eaux, à Châtillon sur Sèvre. Les troupes manquant de vivres menaçoient de piller la ville et les environs, ce qu'elles auroient indubitablement exécuté sans l'activité et les sacrifices de M. de Grandmaison. Je certifie de plus, que pendant tout le temps qu'il a été à l'armée, il s'est dévoué pour la faire triompher ; que son corps est encore meurtri des fers dont il a été chargé dans les prisons de Nantes ; que depuis qu'il est à Blois il n'a cessé de donner des preuves du plus sincère comme du plus généreux dévouement à la religion et au Roi. En foi de quoi, voulant rendre hommage à la vérité, je lui délivre le présent pour lui servir ce que de droit.

Tours, ce 10 septembre 1816.

Signé, le comte CHARLES D'AUTICHAMP, pair de France, commandant la 22ᵉ division militaire.

Nous soussignés, maire et habitans de la commune de Blain, département de la Loire-Inférieure, et autres communes adjacentes, certifions qu'il est à notre connoissance que M. l'abbé de Grandmaison, actuellement chanoine à la résidence de Blois, et l'un des aumôniers de l'armée catholique royale de la Vendée en 1793, qu'il avoit toujours suivie en cette qualité jusqu'à l'affaire meurtrière et décisive de Savenay, fut alors forcé, pour échapper aux poursuites des républicains, de se cacher dans les communes de Saffré, de Sastre et de Puceul, voisines de celle-ci ; qu'il a desservi plusieurs paroisses qui se trouvoient alors sans pasteurs ; qu'il a contribué par ses exhortations et ses exemples à y maintenir la paix et à y conserver l'attachement des fidèles pour la religion et la cause des Bourbons ; qu'ensuite, dénoncé par de soi-disant patriotes, il fut enlevé par la force armée ; et qu'après avoir éprouvé les traitemens les plus indignes qui ont dû laisser sur son corps d'honorables cicatrices, il fut conduit, attaché par le cou, dans la prison de cette commune de Blain, et de là transféré dans celles de Nantes ; qu'il ne dut sa liberté qu'aux sollicitations pressantes des habitans des paroisses qu'il a desservies, et qui voulurent, en le réclamant, témoigner leur

reconnoissance audit **M.** de Grandmaison pour les services qu'il leur avoit rendus ; qu'il n'abandonna jamais
ces contrées où il s'étoit concilié l'estime et la confiance de tous les gens de bien et des fidèles sujets du
Roi, qu'au moment où les pasteurs légitimes, revenus
de leur exil, purent rentrer dans leurs paroisses; enfin
que sa conduite, tant à Blain, où il a exercé momentanément le saint ministère, que dans les communes où il
résidoit le plus habituellement, soit avant, soit après sa
détention, a toujours été celle d'un bon prêtre, d'un fidèle
serviteur du Roi, et qu'elle est digne, sous tous les
rapports religieux et politiques, des bontés de **Sa Majesté** et de l'attention de ses fidèles ministres. En foi de
quoi nous avons signé, tant à Blain qu'ailleurs, le présent,
pour servir et valoir ce que de raison.

Le 16 février et jours suivans 1816.

> *Signé*, ROLLAND DE LISLE ; JOLAN DE CLERVILLE,
> adjoint à la mairie ; JEFFREDO, maire de Blain ;
> COUETURE, juge-de-paix ; PIGEAUD, ancien se-
> crétaire du district; POTHIER, avocat ; DERENNE;
> LANDAYS DE LA RIELLIÈRE, premier suppléant
> du juge-de-paix ; BARBIER DU SAUZAY, desser-
> vant; BARBIER DE LA PLACE, juge-de-paix de
> Nozay ; PLESSIS le jeune ; PLESSIS, maire de Pu-
> ceul ; J. P. DE LA BELLIÈRE ; et DE LA BELLIÈRE,
> capitaine aux lanciers de Berry.

Nous, commandant et officiers de la force armée à Châtillon sur Sèvre, département des Deux-Sèvres, certifions que le citoyen Daniel-Timothée Dubin de Grandmaison, natif de Blois et domicilié à Châtillon, s'est
donné tous les mouvemens possibles pour procurer des

vivres à la troupe qui en manquoit, le mauvais temps ayant empêché l'arrivée des convois ; que le succès a répondu à ses démarches, et qu'il a arraché les soldats aux horreurs de la famine ; enfin qu'il s'est comporté, depuis son retour ici, de manière à mériter l'estime des bons citoyens et la protection du gouvernement. En foi de quoi nous lui avons délivré le présent certificat pour valoir ce que de raison.

A Châtillon, le 14 ventose, IVe année républicaine.

Signé, RABOUT, commandant ; ROQUADEC, capitaine ; SABATIÉ, lieutenant ; FONTAINE, chirurgien-major du 3e bataillon de Lot et Garonne.

Nous soussigné, curé de la paroisse de la Trinité, de la ville de Châtillon sur Sèvre, chef-lieu de canton, département des Deux-Sèvres, certifions qu'il est de notoriété publique dans cette ville que M. Dubin de Grandmaison, ancien chanoine régulier de la congrégation de France, arriva à l'abbaye de Châtillon à la fin de l'été de 1789, qu'il remplit de suite et toujours gratuitement, dans la paroisse de la Trinité, la première de cette ville, les fonctions de vicaire et d'aumônier de l'hôpital, conjointement avec M. Desroches, son confrère, qui, peu de temps après, fut nommé à la cure de Moulins, comme étant le plus ancien vicaire ; qu'ensuite M. Colas, premier curé de Breuil-Chaussée, étant venu à décéder, M. de Grandmaison lui succéda ; que la guerre de l'Ouest ayant éclaté, il se réunit à l'armée catholique et royale dont il fut nommé l'un des aumôniers, fonction qu'il remplit constamment pendant toute la campagne d'outre Loire ; que les habitans de Saint-Jouin, sous Châtillon, ayant appris que M. de Grandmaison avoit heureusement échappé aux déroutes meurtrières du Mans et de Savenay, et qu'il desservoit en Bretagne plusieurs paroisses qui manquoient de pasteurs légitimes, lui écrivirent pour le prier de venir être le leur ; qu'il leur répondit qu'il ne pouvoit pour le moment se rendre à leur invitation étant occupé à l'instruction chrétienne d'un très-grand nombre d'enfans de ces diverses paroisses pour les disposer à la première communion, et que lorsqu'ils l'auroient faite, il se rendroit à leurs vœux ; que lorsqu'ils furent instruits qu'il avoit terminé ses pieux et utiles travaux, ils lui députèrent deux d'entre eux, les sieurs Biton et Cailleton, pour lui réitérer leur pressante invitation ; qu'il se rendit alors à Saint-Jouin sous Châtillon après avoir couru les plus grands dangers dans son voyage ; qu'il a exercé pendant deux ans entiers dans cette paroisse les fonctions du saint ministère, pendant lequel temps il nourrit pendant huit à dix jours le 3e bataillon de Lot et Garonne qui, cerné par les eaux, ne pouvoit communiquer avec le munitionnaire de l'armée, résidant à Bressuire, et menaçoit de se répandre dans la ville et les environs pour avoir des vivres ; qu'il leur en procura, et par ce moyen évita le renouvellement de la guerre civile ; qu'après avoir été deux ans curé à Saint-Jouin, il se rendit aux vœux de monsieur son père dont le grand âge et les infirmités réclamoient ses soins, et qu'il quitta sa paroisse en y laissant des souvenirs honorables, et en emportant avec lui l'estime, la reconnoissance, les regrets et l'amitié de tous ses paroissiens qui lui en ont donné des preuves éclatantes pendant le séjour qu'il a fait au mois d'octobre dernier à Châtillon, où il est tombé dangereusement malade. En foi de quoi nous avons donné le présent certificat pour rendre hommage à la vérité et valoir ce que de raison.

Délivré à Châtillon, le 15 mars 1821.

Signé, COUSSEAU DUVIVIER, curé de Châtillon.

A la suite. Nous soussignés, maire et habitans de la commune de Châtillon sur Sèvre, certifions avoir une parfaite connoissance des faits contenus dans le certificat ci-dessus, comme étant de notoriété publique.

Châtillon sur Sèvre, le 16 mars 1821.

Suivent les signatures.

*Extrait de l'*HISTOIRE DE LA VENDÉE, *par M. Alphonse de Beauchamp, 4ᵉ édition, tom. 2, pag. 195.*

Stofflet lui-même étoit avec les fuyards, la vue de quelques femmes courageuses le ramène, il se joint à mes-dames de Bonchamp, de Donissan, de Lescure; à l'in-tendant général de Beauvolliers, à l'adjudant Richard du Plessis, et à quelques braves qui font d'inutiles efforts pour retenir les Vendéens; deux pièces de canon pointées contre eux ne peuvent pas même les arrêter; des prêtres armés des signes de la religion se présentent. « Lâches » et ingrats, s'écrie l'abbé de Grandmaison, montrant un » blessé, laisserez-vous périr sans les défendre ces braves » qui tant de fois vous ont fait un rempart de leurs » corps!..... » Les femmes s'électrisent, s'enflamment, montrent une énergie dont les hommes ne paroissent plus susceptibles, on en voit qui s'arment de fusils; à leur voix, les Poitevins qui ont fui ressaisissent leurs armes.

Lettre de M. l'abbé de Grandmaison à M. H.

Monsieur l'abbé,

Dans le malheur, on a peu ou point d'amis. Je ne vous connois pas assez particulièrement pour me dire le vôtre : mais vous êtes mon confrère, vous êtes malheureux ; sous ce double rapport, je me fais un devoir, comme un bonheur de vous être utile. Je vous préviens donc que ce soir vous devez être arrêté comme chef des dissidens. Si vous n'avez pas d'asile assuré, je vous en offre un chez moi, et je vous assure qu'on ne parviendra à vous qu'après m'avoir passé sur le corps : mais, cependant j'y mets une condition, c'est que vous n'entretiendrez aucune correspondance avec ceux qui ont pu ou pourroient partager votre opinion ; car je ne veux pas que l'asile de l'amitié devienne celui du trouble et des factions. Si ma proposition vous est agréable, ma maison est à votredispo sition.

J'ai l'honneur d'être, etc.

Correspondance au sujet de l'aumônerie de Chambord.

Monsieur le chanoine,

Le brave comte de Briou, mon respectable ami, m'a parlé de tout l'intérêt que vous inspirez. L'état de vos services est aussi beau que touchant. Soyez sûr que si j'ai quelques mots à dire, ils renfermeront votre éloge. Je le ferai d'après tout ce qui m'est revenu de vos qualités. Je soupire après le moment heureux où je pourrai, avant de mourir, vous témoigner à Blois ou à Chambord ma reconnoissance de vos procédés, et la sincérité de la considération très-distinguée, etc.

Amiens, le 4 décembre 1821.

DE BOMBELLES.

Si, comme cela est possible, je suis appelé dans le temps à présenter un aumônier pour Chambord, croyez qu'alors je rappellerai volontiers vos titres aux grâces qui doivent être accordées à la fidélité.

Paris, 8 janvier 1821.

Signé, ✝ **M. M.**, évêque d'Amiens.

De vous à moi, sachez me dire ce que c'est qu'un abbé L...... pour lequel on s'évertue (1), afin de le faire nommer chapelain à Chambord, ce qui n'est et ne sera pas de mon avis. Comptez sur les sentimens d'affection et de considération, etc.

Paris, 14 mai 1821.

Signé, ✝ **M. M.**, évêque d'Amiens.

J'ai vu **M.** de **Bombelles**, il y a quatre ou cinq jours, à Amiens; il m'a beaucoup parlé de vous comme de celui qu'il comptoit proposer pour Chambord : mais comme cela ne pourra avoir lieu qu'après la remise des domaines, et quand tout sera liquidé, vous voyez qu'il faudra attendre. Pardon des peines que je vous ai données pour les affaires de Chambord. Recevez mes remercîmens que je voudrois vous exprimer de vive voix.

Paris, 10 août 1821.

Signé, le comte de **C.**

J'ai vu, mon cher abbé, le comte de **C.** à son passage à Orléans, il a été beaucoup question de Chambord et de

______

(1) Cet abbé L...... est celui pour qui on sollicitoit la place d'aumônier. On voit qui s'évertuoit pour lui.

tout ce qui peut y avoir rapport ; il a connu mes vues, et y a applaudi. Recevez, mon cher abbé, etc.

Signé, l'évêque d'Orléans.

Certificat de MM. les curé et administrateurs de la paroisse de Saint-Germain-des-Prés, à Paris.

Je soussigné certifie que M. l'abbé de Grandmaison, chanoine honoraire et dignitaire d'Orléans, à la résidence de Blois, a célébré les saints mystères dans notre église de Saint-Germain-des-Prés, et qu'il s'est prêté avec une complaisance extrême à nous rendre service, quand il en a été prié, pendant son séjour à Paris. En foi de quoi, nous lui avons délivré le présent certificat.

Paris, ce 27 juin 1822.

Signé, DE KÉRAVENANT, curé de
Saint-Germain-des-Prés,

Je soussigné, prêtre-trésorier et administrateur de la paroisse Saint-Germain-des-Prés, certifie que depuis six semaines que M. l'abbé de Grandmaison, chanoine honoraire et dignitaire d'Orléans, à la résidence de Blois, réside sur notre paroisse, il est venu constamment dire la messe dans notre église avec autant de dévotion que de complaisance ; que l'ayant invité plusieurs fois à différer sa messe pour la commodité des fidèles, il l'a fait avec une extrême obligeance ; qu'étant, par ma position, toujours à la sacristie, je voyois M. l'abbé de Grand-maison aller et revenir de l'autel, et que jamais il n'a paru être moins de quinze à dix-huit minutes, selon les messes. En foi de quoi, j'ai donné le présent certificat pour servir et valoir ce que de raison.

Paris, ce 27 juin 1822.

Signé, MAHIEU, prêtre.

62

*Extrait de deux lettres écrites de Valence, par Mgr de Sauzin,
à M. l'abbé de Grandmaison.*

Valence, 26 mars 1823.

MONSIEUR L'ABBÉ,

Je doute fort qu'à mon arrivée à Blois l'évêché soit en
état de m'être rendu, et j'accepterai dans ce cas, avec
bien de la reconnoissance, le logement provisoire que
vous avez bien voulu m'offrir, et que tous les titres se
réunissent pour me faire préférer à tout autre. La noble
et généreuse fermeté que vous montrez pour empêcher
de croire que c'est à demeure permanente que vous me
recevez chez vous, et le refus que vous avez déjà fait de
votre maison pour loger à perpétuité l'évêque, pour ne
pas lui faire perdre celle qui appartient à son siége, me
rassurent entièrement contre la crainte que vous a suggérée
votre délicatesse ; et tous les sentimens dont votre lettre
est empreinte sur ce sujet, ne font que me donner plus
de désir de profiter de votre offre si obligeante et des précieux avantages qu'elle me procurera de faire une connoissance plus particulière et plus intime avec vous. Ces
sentimens ne surprennent pas dans un ancien pasteur de
la Vendée et dans un ancien aumônier de l'armée catholique et royale, et doivent aussi vous répondre de la
haute et respectueuse estime avec laquelle j'ai l'honneur d'être, etc.

Signé, l'abbé DE SAUZIN,
évêque nommé de Blois.

Valence, ce 26 avril 1823.

MONSIEUR L'ABBÉ,

Je suis extrêmement sensible aux témoignages de confiance et de zèle en même temps, que vous me donnez

dans la nouvelle lettre que vous m'avez fait l'honneur de m'écrire................; on ne peut être plus fidèle à Dieu et **au Roi** que vous l'avez été, et il est bien digne de vous de vouloir soutenir jusqu'à la mort une si noble, si chrétienne et si héroïque conduite, quoi qu'il puisse arriver; c'est le seul moyen de ne pas perdre la riche et brillante couronne qu'elle vous obtiendra sûrement un jour dans le ciel, et qui peut seule vous récompenser des sacrifices que vous avez faits sur la terre. Je ne pourrai jamais vous en offrir, au nom de l'Eglise, qu'un bien foible dédommagement; mais je vous l'offrirai avec empressement, etc.

J'ai l'honneur d'être, etc.   *Signé*, DE SAUZIN.

Extrait de lettres écrites à M. l'abbé de Grandmaison par plusieurs prélats et autres personnes respectables.

J'ai reçu hier, mon cher abbé, votre lettre, et je ne puis que vous témoigner le plaisir avec lequel j'ai vu que, loin de solliciter un titre, celui d'archidiacre, auquel vous pouviez prétendre avec quelques droits, vous me manifestez le désir qu'il soit attaché à celui qu'avoit déjà M. Pointeau.

Recevez, mon cher abbé, l'assurance de mon attachement et de toute ma considération.

Signé, † P. M. DE VARICOURT, évêque d'Orléans.

(Cette lettre est en réponse à celle par laquelle je demandois que le titre d'archidiacre de Blois dont avoient joui les grands-chantres, mes prédécesseurs, fût ajouté à celui dont jouissoit déjà l'abbé Pointeau, sachant quel plaisir ce nouvel honneur lui causeroit.)

J'ai reçu et lu avec beaucoup d'intérêt la lettre que vous avez bien voulu m'écrire. Un évêque est trop heureux quand on veut bien recueillir certains détails et les lui communiquer. J'aurai toujours le plus grand désir de connoître ce qui pourra être utile, parce que j'aurai tou-- jours la volonté de l'exécuter. Eloigné de Blois les diffi- cultés sont nombreuses. Si quelques circonstances vous conduisoient à Orléans, je serois bien aise de vous y voir et de vous y exprimer de vive voix les sentimens de la considération très-distinguée avec laquelle, etc.

2 février 1820.

Signé, † P. M. DE VARICOURT, évêque de Blois.

J'aurois eu grand plaisir, mon cher abbé, si j'avois pu aller à Blois pour la cérémonie des cloches, à profiter de vos aimables invitations. Nos deux messieurs, et surtout M. Merault, ne cessent de se louer de votre bon accueil. Je partage les sentimens qu'ils en conservent. Recevez, mon cher abbé, les assurances de tout mon attachement. *Signé*, † M., év. d'Orléans.

Mon cher abbé, quoique vous me grondiez toujours un peu, votre lettre renferme des choses trop aimables, pour que je ne vous en fasse pas mes remercîmens ; et d'ailleurs j'espère que nous nous verrons, soit à Orléans, soit à Blois, nous nous entendrons mieux. Je n'entre dans aucun détail ; mais sûr de mes intentions, je suis toujours sûr d'obtenir un suffrage qui est celui que je veux à tout prix. Sûr de vos intentions comme de vos motifs, j'ac- cueillerai toujours avec plaisir vos observations et les renseignemens que vous me donnerez. Je serai aussi très- aise, quand l'occasion se présentera, de vous exprimer de vive voix les sentimens d'estime et la considération très- distinguée, etc. † P. M., évêque d'Orléans.

23 février.

Vous êtes très-aimable, mon cher abbé, de vous occuper de ce qui peut être utile à la religion et au diocèse.
Avec un peu de bonne volonté, la personne à qui vous
vous êtes adressé auroit pu nous tirer d'embarras et faire
une bien bonne œuvre. Elle craint la mort plus que vous
ne l'avez crainte dans la Vendée. Dieu mettra tout dans la
balance. Recevez, mon cher abbé, l'assurance de mon
attachement.

22 mars 1822.

† P. M., évêque d'Orléans.

MONSIEUR ET TRÈS-RESPECTABLE CONFRÈRE,

Je ne puis qu'applaudir à votre zèle pour l'unité catholique, et à votre courage pour aller prêcher la foi au-delà
des mers. Mais s'il faut donner des éloges à votre dévouement pour la bonne cause, et à la bonne volonté qui
vous en dissimule les obstacles, et ne vous a laissé voir
que le côté brillant et victorieux du missionnaire, nous
devons, avant de vous donner cette mission, examiner de
sang-froid si elle est utile et prudente ; tenons donc
conseil, et considérons le projet sous ses différens rapports.......

J'ai l'honneur d'être, etc.

12 juin 1819.

Signé, DE MADIÈRES, vicaire-général d'Orléans.

MONSIEUR ET CHER CONFRÈRE,

Je serois bien aise d'avoir votre avis sur la cure de
Vendôme ; vous savez l'opposition de Mgr le grand-au-
mônier que M. Galand nous a renouvelée dans son court
séjour à Orléans. Obligés de porter nos vues sur un autre
que celui que nous avions désigné, nous avons pensé que

M. M.... pouvoit être celui qui conviendroit le mieux. Croyez-vous que M. T... dont l'éloignement pour M. Bernier l'a jeté dans la dissidence, pourroit être tâté par quelque voie indirecte? Nous ne pouvons faire cette démarche par nous-mêmes, mais en la faisant faire par d'autres, nous aurions du moins à nous rendre le témoignage d'avoir fait tout ce qui étoit en notre pouvoir. Je laisse à votre prudence et à votre zèle de faire sur cela ce que vous croirez le plus convenable, en vous priant de nous marquer les résultats. Auriez-vous quelques combinaisons par rapport à ce poste important ?

J'ai l'honneur d'être, etc.

19 mai 1819.

Signé, DE MADIÈRES, vicaire-général d'Orléans.

MONSIEUR ET CHER CONFRÈRE,

Je vous remercie des renseignemens que vous avez eu la bonté de me transmettre, et je reconnois l'activité du zèle et le besoin d'obliger qui caractérisent M. de Grandmaison dans les démarches et l'offre généreuse qu'il fait de se dévouer pour le service de l'Eglise. Je vous prie de remercier en notre nom M. de Grandmaison.

29 juillet 1819.

Signé, DE MADIÈRES, vicaire-général d'Orléans.

MONSIEUR ET TRÈS-RESPECTABLE CONFRÈRE,

Mille et dix mille remercîmens de l'extrême intérêt que vous prenez à notre séminaire. Vos deux oboles ne sont pas de la même monnaie, et la grâce modeste que vous mettez à les offrir en double le prix. J'ai engagé M. le préfet à faire quêter pour nous le jour de Pâques; le crédit dont vous jouissez à Blois peut activer cette quête toujours trop foible pour la seconde ville du diocèse. Je suis peiné comme vous de l'événement du mariage pour lequel vous avez écrit à Rome, qui n'accorde pas ces sortes de dispenses. Adieu, Monsieur et très-respectable confrère; croyez que de tous les biens je ne désire qu'un seul, l'amitié, et la vôtre m'est chère, c'est un titre pour la mériter.

Recevez, etc.

Orléans, 4 mars 1817.

MERAULT, vicaire-général.

MONSIEUR ET RESPECTABLE CONFRÈRE,

Je ne reçois votre lettre que le 20, et la date porte le 18, j'en fais la remarque pour que vous ne trouviez aucun retard à ma réponse: ce n'est pas courrier par courrier, c'est minute par minute que je vous marque avec quel empressement nous vous donnons la permission de bénir le drapeau de la garde nationale de Blois, et j'applaudis d'avance au discours que vous ne manquerez pas de faire.

20 août, 1818.

MERAULT.

MONSIEUR ET RESPECTABLE CONFRÈRE,

Vous m'avez donné du courage contre les assauts que j'ai eu à soutenir pour M..... Je vous prie de me marquer ce que vous croirez pouvoir éclairer notre pénible administration. Vous voyez mes égards pour vos justes et sages réflexions. Recevez mes remercîmens et mes respects.

16 septembre 1818.

Signé, MERAULT, vicaire-général.

Monsieur et respectable confrère,

Si je vais à Blois, ce sera chez vous que je logerai de préférence ; je suis édifié de vos résolutions ; et vous avez fait vos preuves ; mais je ne pense pas que les choses soient aussi désespérées que vous semblez le craindre.

Orléans, 19 avril 1819.

Signé, Merault, vicaire-général.

J'ai partagé votre opinion, mon cher abbé, sur l'espèce de gratification qui vous a été envoyée de Paris. J'espère que ce que j'avois écrit n'aura influé en aucune manière pour vous faire donner une aussi misérable marque de souvenir (3oo fr.). Au moins il ne m'en a été rien mandé ; mais au surplus vous avez fort bien fait de ne pas écouter le premier mouvement de délicatesse qui vous auroit fait abandonner le petit moyen de faire encore un peu plus de bien.

27 mai.

† P. M., évêque d'Orléans.

Je sens tout le prix des renseignemens que vous voulez bien me donner sur l'état actuel du diocèse dont Sa Majesté m'a confié le gouvernement ; je n'attends que le moment de pouvoir vous remercier de vive voix des observations que vous dicte votre zèle pour le bien de la religion et du diocèse ; je désire être sous peu à portée de vous l'exprimer d'une manière plus positive et plus conforme aux vœux de mon cœur. Croyez, je vous prie, à la sincérité de ces vœux, comme à celle des sentimens respectueux avec lesquels j'ai l'honneur d'être, Monsieur l'abbé, etc.

Paris, 12 septembre 1817.

Signé, l'abbé de Boisville, nommé à l'évêché de Blois.

Dans tout ce qui m'a été écrit de Blois, il n'y a pas un mot qui n'ait été à l'avantage de M. l'abbé de Grandmaison.

Paris, 14 décembre 1817.

> *Signé*, DE BOISVILLE, évêque
> nommé à Blois.

Je me rappelle vos glorieux et utiles services dans le diocèse de La Rochelle et dans ma chère Vendée, théâtre de la double religion de l'autel et du trône, qui vient de nous être rendue si miraculeusement.

Paris, 8 mars 1815.

> *Signé*, † Jean Charles DE COUCY,
> évêque de La Rochelle (1).

J'applaudis aux sentimens que vous m'exprimez sur votre position, à laquelle je prends tout l'intérêt que m'inspirent ceux que je vous avois voués lorsque vous étiez occupé si utilement dans la noble et loyale Vendée.

C'est dans ces sentimens aussi inviolables que sincères que j'ai l'honneur d'être, etc.

> † J. C., évêque de La Rochelle, nommé
> par le Roi à l'archevêché de Reims.

MONSIEUR LE CHANOINE,

Malgré tout ce qui m'attache au siége d'Amiens, je regrette fort de n'avoir pas été dans le cas de vivre habituellement avec vous, et de vous témoigner l'estime que vous inspirez à tout ce qui vous a connu. Messieurs de la

---

(1) Ce prélat étoit le mien, ma cure étant du diocèse de La Rochelle.

légion de Loir et Cher, qui sont ici en garnison, vous conservent un honorable souvenir, et j'ai eu du plaisir à m'entretenir de vous avec eux, comme j'en trouverai toujours à saisir les occasions de vous prouver la considération avec laquelle, etc.

6 janvier 1820.

† M. M., évêque d'Amiens.

Monsieur l'abbé Petit, Monsieur le chanoine, m'a fait grand plaisir en vous parlant du désir bien sincère que j'aurois de vous être agréable. Je ne négligerai pas de parler à M. le duc de Talleyrand-Périgord et à M. de Coucy, votre ancien évêque dans la Vendée, de la promesse qui vous a été faite d'un des deux canonicats à la nomination du Roi à Blois.

Recevez, etc.

Paris, 14 mars 1818.

M. M. DE BOMBELLES.

Ma petite fortune m'est d'autant plus précieuse, qu'elle me fait retrouver un ancien camarade de collége qui s'est rendu recommandable par son dévouement et les sacrifices qu'il a faits à la cause de la religion et du Roi. Les services que vous avez rendus ne peuvent être oubliés. Je me flatte d'avoir bientôt occasion de vous faire compliment sur la récompense qu'ils vous auront obtenue.

Recevez l'assurance, etc.

19 février 1815.

L'abbé DU CHATELIER, aumônier de MONSIEUR.

Mᵍʳ l'évêque d'Amiens m'a engagé à lui écrire après que Chambord aura été acheté pour être offert à Mᵍʳ le duc de Bordeaux, une lettre ostensible de laquelle il pût se prévaloir dans votre intérêt.

Il m'a en outre engagé à parler de vous directement à M. le comte de Nantouillet, premier gentilhomme de la chambre du jeune prince, qui aura sans doute une grande influence sur les nominations qui seront à faire. Eh bien, mon cher abbé, tout en gardant le silence envers vous, j'ai satisfait à ce double objet; j'ai écrit à Mgr l'évêque d'Amiens; et, quant au comte de Nantouillet, je ne me suis pas borné à lui parler de vous, mais je lui ai remis une note passablement étendue par laquelle je vous présente et vous recommande en mon propre nom. Il a déposé cette note devant moi dans le carton où il dépose tout ce qui a trait à Chambord.

Paris, 28 mars 1821.

Signé, le comte DE BRIOU.

Je suis autorisé à vous dire que Mgr de Coucy, évêque de La Rochelle, qui étoit présent lorsque le duc de Talleyrand a recommandé vos services à Monsieur son oncle, s'est joint à lui pour dire les choses les plus favorables sur votre compte, et a fait valoir avec beaucoup d'intérêt vos titres à une récompense; nous regrettons, M. de Talleyrand et moi, que celle qui vous est promise (un canonicat à Blois) ne soit pas plus considérable, mais il faut toujours prendre celle-là en espérant qu'elle vous conduira à d'autres plus proportionnées à vos droits.

Agréez, etc.

Paris, 6 septembre 1817.

Signé, le marquis DE B.

Mgr l'évêque de Reims a dit à son neveu qu'il avoit le projet déterminé de faire quelque chose pour vous. Paris, 27 juillet 1817.

Le marquis DE B.

Les intentions de Mgr le cardinal de Périgord paroissent arrêtées à votre égard, et je crois pouvoir vous dire avec certitude qu'il vous destine un canonicat à Blois.

Le marquis DE B.

Je vous invite à vouloir bien présider le concours pour la présentation aux bourses communales qui se trouvent vacantes au lycée d'Orléans, et qui sont affectées à la ville de Blois. Veuillez me dire votre opinion personnelle sur les sujets qui vous paroîtront mériter que je les présente.

Votre tout dévoué, etc.

Orléans, 3 mars 1816.

Signé, DUPARC, inspecteur de l'Académie.

www.ingramcontent.com/pod-product-compliance
Lightning Source LLC
Chambersburg PA
CBHW061412060726
47597CB00003B/1035